如何培养孩子的

领导能力

潘鸿生◎编著

RUHE PEIYANG HAIZI DE

LINGDAO

NENGLI

北方联合出版传媒（集团）股份有限公司

万卷出版公司

图书在版编目（CIP）数据

如何培养孩子的领导能力 / 潘鸿生编著 . -- 沈阳：
万卷出版公司 , 2021.11

ISBN 978-7-5470-5692-9

Ⅰ.①如… Ⅱ.①潘… Ⅲ.①人际关系—能力培养—
家庭教育 Ⅳ.① G78

中国版本图书馆 CIP 数据核字 (2021) 第 153414 号

出 品 人：王维良
出版发行：北方联合出版传媒（集团）股份有限公司
　　　　　万卷出版公司
　　　　　（地址：沈阳市和平区十一纬路 25 号　邮编：110003）
印 刷 者：永清县晔盛亚胶印有限公司
经 销 者：全国新书华店
幅面尺寸：170mm×230mm
字　　数：170 千字
印　　张：16
出版时间：2021 年 11 月第 1 版
印刷时间：2021 年 11 月第 1 次印刷
责任编辑：李　坪
责任校对：张兰华
ISBN 978-7-5470-5692-9
定　　价：45.00 元
联系电话：024-23284442

前 言

　　说起领导力，很多人的认知或许还停留在"当领导"的层面上。其实，领导力不是一个职位或一种权力，而是一种关键能力。

　　哈佛商学院弗朗西斯·福雷教授曾说过："领导力表现在，因为你的存在能使他人变得更好，而且当你不在的时候你的影响力还能一直持续。"由此可以看出，领导力就是能让自己和这个世界变得更好的影响力。它不是当领导才需要，也不是要对别人指手画脚。实际上，领导力是一种学习如何面对困难、解决问题以及如何对他人起到积极作用的影响力。

　　如今，越开越多的人开始认可，领导力是未来个人必备的关键能力之一。一个具有领导力的孩子，不仅具有强大的人格魅力，也更容易走向事业、人生的成功，成为未来最受欢迎的人。

　　领导力，是西方教育最看重的品质之一。在美国，领导力的培养往往从小就开始。虽然每个孩子的个性不同、成长环境各异，但他们的一生都有在某一个方面成为领导者的潜力。从小培养孩子的领导才能，让他们能够在群体中脱颖而出，使他们将来能够带领一班人完成更大的事业，这对社会、对个人都非常有帮助。

领导力是各种能力的综合体现，领导力的培养是通过培养孩子的自信心、人际交往能力、情绪管控能力等，让他们学会更加自律，成长为更好的自己。本书比较全面、客观地阐述了孩子领导力的培养问题，并提出一些比较科学的教育方法，可以帮助家长在全球化时代用轻松、简单的方法培养出孩子的领导力。

任何一个家长都希望自己的孩子成为佼佼者，那何不行动起来呢？从现在开始，努力培养他（或她）在这方面的能力：自信、创新、独立性、意志力、高效率、好品德、竞争力、学习能力、协调能力……我们相信，每个孩子都是潜在的领袖，都蕴藏着影响世界的潜能。

目　录

第一章　培养孩子的领导力，从独立自主开始

摆脱依赖，培养孩子的独立意识 3

多给孩子一些体验生活的机会 7

给孩子选择权，让孩子自己做决定 10

克服优柔寡断，培养孩子果断的性格 14

真的爱孩子，就让孩子吃点苦 17

热爱劳动，让孩子在劳动中健康成长 21

第二章　孩子是否具有领导力，关键看他有没有自信

有自信的孩子，人生不会太差 29

引导孩子养成乐观的性格 ⋯⋯⋯⋯⋯⋯⋯⋯⋯⋯ 33

赏识教育，用表扬增强孩子的自信 ⋯⋯⋯⋯⋯⋯ 37

克服自卑，活出自信从容的模样 ⋯⋯⋯⋯⋯⋯⋯ 41

信任孩子，孩子才会做得更好 ⋯⋯⋯⋯⋯⋯⋯⋯ 46

发现孩子的闪光点，让孩子在肯定中长大 ⋯⋯⋯ 49

让孩子坦然接受自己的缺点和不足 ⋯⋯⋯⋯⋯⋯ 52

第三章　磨炼孩子的意志力，让孩子更具领导力

没有经历过挫折的孩子永远长不大 ⋯⋯⋯⋯⋯⋯ 59

无所畏惧，做一个勇敢的孩子 ⋯⋯⋯⋯⋯⋯⋯⋯ 62

意志坚强的孩子，未来不可限量 ⋯⋯⋯⋯⋯⋯⋯ 65

善待失败，做一个输得起的孩子 ⋯⋯⋯⋯⋯⋯⋯ 70

坚持就是胜利，教育孩子做事要有始有终 ⋯⋯⋯ 73

自古成功在尝试，鼓励孩子勇于尝试 ⋯⋯⋯⋯⋯ 76

第四章　真正有领导力的孩子，大都拥有良好的品德

拥有爱心是做人的基本品质 ⋯⋯⋯⋯⋯⋯⋯⋯⋯ 83

懂得感恩的孩子，将有一个美好的未来 ⋯⋯⋯⋯ 87

一诺千金，教孩子做一个诚实守信的人 ⋯⋯⋯⋯ 90

心存善意，让孩子拥有一颗善良的心 95

坦坦荡荡，教孩子做一个正直的人 99

戒骄戒躁，培养孩子的谦虚品格 104

第五章　提升孩子的学习能力，就是提升孩子的领导力

给孩子提供良好的学习环境 111

热爱阅读，培养孩子读书的习惯 115

激发兴趣，让孩子爱上学习 120

让孩子养成良好的学习习惯 123

增强孩子的记忆力，让学习更轻松 126

让孩子拥有独立的思考能力 130

培养自学能力，让孩子快人一步 134

第六章　提升交际能力，人际关系好的孩子更具领导力

孩子的交际协调能力很重要 141

学会合作，培养孩子的团队精神 146

让孩子学会尊重他人 149

教孩子做一个乐于分享的人 153

建立平等和谐的亲子关系 157

有幽默感的孩子，走到哪里都受欢迎 …………………… 161

心胸豁达，原谅他人的过错 …………………………………… 165

第七章 克服拖拉和低效，做高效率的领导者

让孩子学会做事有计划 ……………………………………… 173

惜时如金，教孩子管理好自己的时间 …………………… 176

让孩子告别拖延的恶习 …………………………………… 181

帮孩子克服马虎、粗心的坏习惯 ………………………… 184

目标专一，培养孩子的专注力 …………………………… 188

第八章 创造成就美好的未来，有创造力的孩子更具领导力

培养孩子非凡的创造力 …………………………………… 195

训练孩子敏锐的观察力 …………………………………… 198

培养孩子无限的想象力 …………………………………… 203

鼓励孩子多提问题 ………………………………………… 208

重视孩子的好奇心 ………………………………………… 211

鼓励孩子动手实践 ………………………………………… 215

第九章　学会自我管理，增强孩子的领导力

孩子真正的成长，是学会反省自己 ⋯⋯⋯⋯⋯⋯⋯⋯ 221

孩子有多自律，就有多出众 ⋯⋯⋯⋯⋯⋯⋯⋯⋯⋯⋯ 225

勤能补拙，勤奋的孩子好成才 ⋯⋯⋯⋯⋯⋯⋯⋯⋯⋯ 229

情绪管理，让孩子学会控制自己的情绪 ⋯⋯⋯⋯⋯⋯ 232

用梦导航，帮助孩子从小树立理想 ⋯⋯⋯⋯⋯⋯⋯⋯ 236

领导力就是责任，增强孩子的责任感 ⋯⋯⋯⋯⋯⋯⋯ 239

敢于竞争，让孩子成为竞争高手 ⋯⋯⋯⋯⋯⋯⋯⋯⋯ 243

第一章
培养孩子的领导力，从独立自主开始

摆脱依赖，培养孩子的独立意识

　　培养孩子的领导力，首先要培养孩子的独立性。所谓独立性是指一个善于自我决策，能独立地寻找解决问题的方法并实施解决问题行为的一种个性品质。它伴随勇敢、自信、认真、专注、责任感和不怕困难的精神。

　　日本"经营之神"松下幸之助说过这样一段话：狮子故意把自己的小狮子一次次推到山谷里，让它从危险中学会独立的能力，这样的气魄真是太大了。虽然这种行为在人类看来有点残酷，但经过这种残酷的训练，小狮子在以后的生命过程中才一步步地坚强起来，在它一次次从深谷爬上来时，它才真切地体会到独立的重要性。

　　大自然的生存法则告诉我们：物竞天择。这是人类社会和动物世界都遵循的真理。没有独立性就没有参与竞争的条件。父母可以爱孩子，为孩子的成长创造尽可能多的有利条件，但是父母不能代替孩子去竞争。所以说，父母一方面要给予孩子爱，另一方面父母要培养孩子的独立性。

　　有这样两个事例：

　　某高校的一位研究生，学习成绩特别好，学校领导考虑派他出国深造，找人和他谈这事的时候，本以为他会高兴得不得了——毕竟不是每个人都有机会出国的，可这位研究生听了这个消息之后却是愁眉紧锁，最后竟对领导说他不去了。领导感到非常惊奇，经过调查才发现，原来这位学生虽然学习特别好，但其他的事情竟然一窍不通，以至于生活都不能自理。最终只有选择放弃。

　　一位母亲为了让考上美国某著名大学的"神童"儿子能衣食无忧，不惜一切代价要拿到美国绿卡，去陪儿子一起读书。终于，儿子在母亲的陪同下去了美国。她省吃俭用，变着花样给儿子弄好吃的、好穿的。几年后，儿子找到一家好公司去上班，母亲却因为过度劳累而重病不起。自从母亲病倒后，儿子就因为生活不会自理而被公司解雇。儿子要另找东家却连连碰壁，最后落得沦落街头这样的悲惨命运。

　　上面这两个事例不能不引起我们的反思：在教育孩子的过程中，我们是否有意无意地包办了孩子许多力所能及的事情？在重视孩子学习成绩的同时是否忽略了培养孩子的独立性？作为家长，我们是否在无意中剥夺了孩子成长的权利，限制了孩子的自我发展？

　　意大利教育家蒙台梭利曾说："教育首先要引导孩子沿着独立的道路前进。"美国教育家罗伯特博士也提出，现代孩子教育有十大目标，其中最重要的便是独立性。一个孩子在长大后要想有所成就，就必须具备独立性，要具备能够独立思考、选择、判断、解决问题的能力，只有以这些为基础，才能应对生活的各种挑战，否则是很难适应现代社会需要的。

　　独立性是培养孩子领导能力的重要方面，其内涵是：在生活上能自理，在学习工作中能独立完成各项任务，碰到问题和困难能独立自主地做出决策并会实施，不轻易接受他人的暗示、意见而改变主意。现在很多父母反映孩子的生活自理能力差，过分依赖父母，不少孩子上高中了还没有洗过衣服。缺乏独立性对孩子的成长是极为不利的，父母应从小注意培养孩子的独立性。

　　作家毕淑敏曾经做过许多年医生。为了让儿子学会看病，她忍着内心的折磨，坚持让儿子独自去医院看病。有一次，在儿子感冒发烧的时候，狠了狠心，让儿子自己去医院看病。她在《教你生病》一文中，记述了当时的经过：

　　"你都这么大了，你得学会生病。"我说。"生病还得学吗？我这不是已经病了吗？"他大吃一惊。"我的意思是你必须学会生病以后怎么办。"我说。

"我早就知道生病以后怎么办，找你。"他成竹在胸。"假如我不在呢？""那我就打电话找你。""假如……你最终找不到我呢？"

"那我就……就找我爸。"也许这样逼问一个生病的男孩是一种残忍。但我知道总有一天他必须独立面对疾病。既然我是母亲，就应该及早教会他生病。

"假如你最终也找不到爸呢？""那我就忍着。你们早晚都会回家。"儿子说。"有些病是不能忍的，早一分钟是一分钟。得了病以后，最应该做的事是上医院。""妈妈，你的意思是让我今天独自到医院去看病？"虽然在病中，男孩依然聪明。"正是。"我咬咬牙，生怕自己会改变主意。"那好吧……"他扶着脑门说，不知是虚弱还是在思考。"你到外面去'打的'，然后到医院。先挂号，记住，买一个本……"我说。"什么本？"他不解。"就是病历本。然后到内科，先到分号台，护士让你到几号诊室你就到几号，坐在门口等。量体温的时候不要把人家的体温表打碎。叫你化验你就到化验室去，先划价，后交费。等化验结果的时候要竖起耳朵听，不要叫到你的名字没听清……"我喋喋不休地指教着。"妈妈，你不要说了。"儿子沙哑着嗓子说。

儿子摇摇晃晃地走了。我内心里经历了一个艰难的过程，我后悔、责怪自己，忍耐着时间慢慢地向前滑动。

终于，走廊上响起了熟悉的脚步声，只是较平日有些拖沓。我立刻开了门，倚在门上。"我已经学会了看病。打了退烧针，现在我已经好多了。真是件麻烦的事。不过，也没有什么。"儿子骄傲地宣布，又补充说："你让我记的那张纸，有的地方顺序不对。"看着他，勇气又渐渐回到心里。我知道自己将要不断磨炼他，在这个过程中，也磨炼自己。

在孩子的成长过程中，有一样东西是必不可少的——那就是独立。只有独立才有可能让孩子成长得更好。

美国商业领袖罗伯特·汤森说："人最终要独立地走向社会，就必须拥有自主独立的能力。因此从小就要培养自我意识，培养自主、自立、自强的精神，认知和实践能力。自我发展本身也是个人对自身的一种反思。正是从这种反思中人才不断地找到自我，超越自我，实现自我。"独立就是自我生存的意识和能力。只有一个人具备了独立的意识和能力，才能比较容易地适应社会，摆脱逆境，把握机遇，发展自己。所以，父母应该重视对孩子独立性的培养，在孩子很小的时候就有意识地培养他们的独立性。

1. 教孩子学会生活自理

生活自理是培养孩子独立性的开始。因为孩子今后的独立生活，不能没有自理能力。所以父母首要的教育责任在于训练孩子的生活自理能力，让孩子从小就学会自己的事情自己来做，不依赖他人。生活中，父母可以让孩子学会照料自己的生活，诸如穿衣、系鞋带、梳头、洗脸、吃饭、整理书包、收拾房间等，父母尽量不要替孩子做。如果父母在生活方面过分照管，不仅不利于孩子独立性、自主性的发展，而且还容易使其养成一些诸如懒惰、依赖等不良品质。父母还应当让孩子经常参加一些家务劳动，如帮爸爸妈妈洗菜、购买物品、打扫卫生等，这是培养孩子生活自理能力的一种有效手段。

2. 给予孩子独立成长空间

孩子的独立性是在独立活动中产生和发展的，要培养独立自主的孩子，就应该给孩子独立的成长空间，让他有独立思考、独立完成任务的机会，不要什么都给他设计好、准备好，按照你的思路去做，看似孩子在独立完成，实际还是你在帮助他。不少家长以为，孩子还小，不懂得安排自己的活动。但如果成人完全包办了孩子的时间安排，孩子只是去执行，那么孩子的自主性就永远培养不出来了。

3. 相信孩子的能力

每个孩子都是能干的，有些家长不相信自己的孩子，觉得自己孩子这也不行，那也不行，或担心这也不会，那也不会，很多事都替孩子做好，不让孩子做任何家务。究其原因，主要是家长不相信自己的孩子。其实，孩子并不像家长想的那样，什么也做不好、干不成，只要家长相信他，放手让他去干，也许你会得到一个惊喜。不让孩子尝试，孩子永远也独立不了。到最后就真的什么也做不成、干不好了。所以，家长要相信孩子的能力。

多给孩子一些体验生活的机会

有句话说得好：你可以没有人生经验，但不能没有人生体验。人生路上的每一次体验、每一次经历，都是不可或缺的宝贵财富。那些大大小小的体验累积，构成了我们生命的轨迹。可以说没有体验过艰辛、没有经历过苦难的人生，皆是不完整的人生。不管家庭富裕或贫穷，父母都应该让孩子拥有体验生活的机会，锻炼、提高孩子适应社会的能力，帮助孩子更好地成长。

有位船长有着一流的驾船技术，他曾驾着一艘简陋的帆船在台风肆虐的大海中漂泊了一个月，最终死里逃生。后来，他有了一艘机轮船，他又多次驾驶着它行程几千海里，到过海洋的深处。渔民们都称他为"船王"。

船王有一个独生儿子，船王对他期望很高。他希望儿子能掌握驾船技术，开好他置下的这条船。船王的儿子对驾驶技术的学习也很用心，到了成年，他驾驶机轮船的知识已十分丰富。船王便很放心让他一个人驾船出海。

结果，他的儿子死于一次台风，一次对于渔民来说微不足道的台风。

渔民们纷纷安慰他。船王十分伤心："我的驾船技术这么好，我的儿子怎会这么差劲？我从他懂事起就教他如何驾船，从最基本的教起，告诉他如何对付海中的暗流，如何识别台风前兆，又如何采取应急措施。凡是我经年积累下来的经验，我都毫不保留地传授给他了。可是，他却在一个很浅的海域内丧生了。"

这时候，有位老渔民问："你一直是手把手地教他的吗？"

"是的，为了让他掌握技术，我教得很仔细。"

"他一直跟着你吗？"老人又问。

"是的，我儿子从来都没有离开过我。"

老人说："这样说来，你也有过错啊。"

船王不解。老人说："你的过错已经很明显了。你只传授他技术，却没有传授他教训。对于知识来说，没有教训作为根基，知识只能是纸上谈兵。"

"你只传授他技术，却没有传授他教训。"老人的话一语中的。的确，教训是父母给不了的，只能靠孩子自己在实践中体会。例如，学走路就要学会跌倒，学习游泳就要经历呛水一样，只有真正地去体验、去经历失败，才能够得到最宝贵的经验财富，甚至是成功的喜悦。

孩子是在体验中长大的，不是在说教中长大的。说教100次不如让孩子体验一次，给孩子一个机会，让孩子自己去体验；给孩子一个环境，让孩子自己去感受；给孩子一个困难，让孩子自己去解决；给孩子一些自由，让孩子自己去创造。这才叫成长，这才叫教育。

我们每个人的成长经验都来自于生活当中的体验，有调查表明，缺乏实际生活经验的孩子，缺乏处理实际问题的勇气和毅力，他们不善于适应周围的环境，也不善于处理人际关系，遇到生活中的新情况往往采取退避和依赖的态度，缺少探索的精神和积极性。这样的孩子并不具有竞争力，一旦脱离了父母的扶持，孩子将惊慌失措，不能将生活正常进行下去。因为，他们没有独立生活的意识，不具备独立生存的能力，迟早是要被社会所淘汰的。

一位儿童心理学家说："有幸福童年的人常有不幸的成年。"所以，为了孩子之后的人生幸福，父母要做的就是从小给孩子体验的机会，让孩子体验生活。

陈女士的儿子从一生下来到上学读书，父母什么事都替儿子做妥帖了，所以儿子什么事都不会做。有一次陈女士在上卫生间，叫儿子去关一下煤气灶，谁知14岁的儿子竟说不会关，令陈女士很惊讶。为了增强儿子的独立自主性，她和丈夫商量后，拟出一个"药方"，就是每周星期日让孩子当一回"值班家长"，教孩子如何节俭，如何吃苦，如何当家。

他们规定了"值班家长"的三项任务：一是搞好家里的卫生，比如拖地板、洗碗等；二是安排一日三餐吃什么，具体操作可叫父母去做；三是安排家人一天的"外事"活动，可外出游玩也可走亲访友或是在家做作业。他们没想到，儿子当"值班家长"还真来神，第一个星期天"值班"就早早起来拖好了地板，并就近买来了面包当早餐，宣布中午吃"炒猪耳朵"和"煲一个汤"，晚上吃"豆腐干子炒猪肉"和"炒一个青菜"，至于"外事"活动就是一家三口去北湖公园玩。下午游玩回来，儿子还郑重其事地写了一篇日记，晚上看到陈女士在洗脸，还说："妈妈，水不能放得太多，要节约用水。"逗得陈女士夫妇哈哈大笑。如今，已经14岁的儿子开始渐渐地关心家务了，他开始懂得了对父母的感恩，感受到了生活的艰辛。

体验和经历是一种财富，也是一种教育，作为家长，你可能什么都可以给孩子，但唯独生活经历和技能无法给孩子。抓住任何一个能教育孩子的机会，让孩子用自己的方式适应生活环境吧，即使磕磕碰碰也没关系，毕竟成长这件事，从来不会一路芬芳。

1.给孩子积累经验的机会

生活经验的积累是任何书本都无法真正学习到的课程，父母应该学会放手，给孩子体验成长的空间和机会。生活中，家长可以根据孩子的年龄，提供适合他年龄的体验活动，如：让三四岁的孩子学会照料自己的生活，自己吃饭、漱口、洗脸、穿脱衣服等；让五六岁的孩子学做一些简单的家务劳动，如擦桌椅、扫地、洗手帕等；让七八岁的孩子参加一些社会公益劳动，如打扫环境卫生；等等。

2.让孩子体验一些挫折

生活中，如果家长大包大揽，就会导致孩子变得意志不坚定、心理承受力差，稍遇打击或挫折就会自暴自弃甚至走向极端。所以，一定要让孩子多经历一些挫折，然后再鼓励他去克服并战胜它们，这样他才会越挫越勇。

3.让孩子多亲近大自然

孩子是在与大自然亲密接触的过程中，获得对大自然的认识的，因此，经常开展丰富多彩的户外活动，不仅能使孩子对大自然有进一步的认识，而且还能培养他们热爱大自然的情感。生活中，父母可以多带孩子到野外活动，让孩子在大自然中经风雨见世面，去开阔眼界，通过看看、闻闻、摸摸，进一步亲近大自然、丰富有关的知识。孩子们在大自然的怀抱里，撒娇、嬉戏、聆听的同时，不仅体验到接触大自然的乐趣，同时也起到了玩中学、学中玩的作用。

4.给孩子一定的自由空间

有些父母出于安全考虑，认为自己的监管更加严谨一些，孩子自然就会受到更多的保护。比如，不让孩子靠近煤气，不让孩子拿剪刀之类的物品等。这样的做法表面上让孩子远离了不安全因素，但实际上，他们却由于没有生活经验而缺乏保护自我的能力。家庭教育，从本质上是生活教育，是孩子必须在生活中感知的教育。父母在孩子成长过程中，要做到适度保护，而不是完全替孩子避免风险。所以，在保证安全的前提下，给孩子一定的自由空间，只有在完全自由的状态下，孩子才会健康成长。过度的保护只会折断冲上云霄的翅膀，自由舒展的体验才能造就出搏击蓝天的雄鹰。

给孩子选择权，让孩子自己做决定

作为领导者，其主要职责就是决策。古语云："将之道，谋为首。"这句话的意思是说：将军的首要任务在于谋略。用今天的话来说，就是领导者的主要职责在于决策。

所谓决策，就是迅速做出选择，下定决心，形成方案的能力，也就是实际决策能力。决策能力是领导必备的能力。不会做决策的领导最后只会选择随波逐流，从而走向平庸。

在家庭教育中，让孩子学会决策和取舍，对培养孩子的领导力是十分重要的。如果我们能多给孩子选择的机会，孩子会感受到他们被尊重、被信任，从而带给他们自信和成就感，使他们感受到自己能把握生活。

世界著名的绘画艺术大师毕加索的女儿名叫芭洛玛。毕加索非常希望女儿继承自己的事业，长大后能够成为世界级的绘画大师。所以，在女儿还很小的时候，毕加索就有意识地对女儿进行艺术启蒙，经常让她在自己的工作室里玩耍，鼓励她在画上涂抹。有客人来访，谈论画艺或作品时，毕加索也常常把她带在身边，还经常带她参观各种美术作品展览。在父亲潜移默化的启迪中，小芭洛玛也在耳濡目染之下渐渐爱上了绘画艺术。

然而在小芭洛玛14岁的时候，她突然间对绘画产生了一种说不出的极其厌烦的情绪，但是懂事的她又不忍心让父母看出来后失望，所以她常常一个人背着父母默默流泪。细心的母亲发现了女儿的变化之后，将女儿的情形悄悄地告诉了毕加索。刚开始的时候，毕加索看到自己多年来为女儿付出的心血就这样付诸东流，心里很不是滋味，但是他很快就想通了。孩子大了，有了自己的思想，有了自己喜欢做的事和不喜欢做的事，做父母的应该高兴才是，为什么一定要让孩子按自己的设想去做事呢？于是他不但没有责怪女儿，反而安慰她说："一个人一生的道路应该由他自己去摸索。虽然你是我的女儿，也没有必要非要像我一样，你有什么兴趣和追求，就按你自己的想法去做吧，不要有什么顾虑，父亲会支持你的。"

听了父亲的一席话，女儿的心彻底地放开了，她知道自己可以卸下父亲的梦想之山前进了。上中学的时候，她爱上了珠宝和服饰设计，为了这个梦想，她又一次走进了父亲的画室，虚心地向父亲求教。她知道，这次她不是为了父亲的梦，而是为了自己的梦在奋斗。在艺术的海洋里游弋，她的心情欢畅，流连忘返。后来，在自己热爱的行业，芭洛玛取得了骄人的成绩，成了一位名家。

孩子也是独立的个体，他们有自己的观念和判断。父母要对孩子的一生负责，就要把选择的权利交给孩子，切不可包办代替，因为人生的道路还要靠孩子自己走。一个孩子总要长大离开父母，走向自己的生活，开拓比父辈更广阔的发展空间。如果孩子自小没有选择的权利，没有体验选择的滋味，他今后又怎么能选择适合自己的发展道路，迎接各方面的挑战和竞争呢？

有句俗话说，小时候不把他当作人，将来也成不了人。人做决策的能力也是慢慢成长的，如果父母总是不给孩子机会，他们可能永远不会自己做出决定。相反，如果家长能够把选择和决策的权利交给孩子，尊重孩子的选择，孩子就会对自己负责。

澳大利亚有位初三毕业生，他感觉自己读书很吃力，不打算上高中，回家后把想法告诉父母，父母对他说："我们想听听你对今后的打算。"孩子回答说："我对美术感兴趣，我想毕业后搞花卉种植，将来向园林方面发展。我征求过生涯规划老师的意见了，老师肯定了我的想法。希望你们能支持。"他的父母听了孩子这番话，综合孩子的学业情况后，同意孩子的选择，并提供两万澳元作为孩子的事业启动资金。孩子做了自己想做的事，表现得特别积极而愉快，很好地发挥了人际交往方面的特长，拉赞助，找帮手，查资料，勤请教，两年之后他成立了澳大利亚首家花卉公司。

有一回，他看到市政府门前又脏又乱，向市政府有关部门建议在门前建一个小花园。可是市政府缺乏资金，他就找厂家拉赞助，免费为赞助商立广告牌。缺人手，他就跑到一所大学园林系找学生帮忙，他知道学生的劳动力最低廉，又能为学生提供实习场所，达到双赢的效果。花园很快建好了，美化了这座城市，引起当地新闻媒体的关注，电视台、报社相继作了报道，很快他的花卉销售量猛增。第三年他做起了跨国生意，一些国产名贵花卉远销世界十几个国家和地区。五年后，他的花卉公司成为一个拥有2亿资产的跨国花卉公司。

孩子的选择，孩子的梦想，孩子的未来，应该由他自己做主。毕竟他的人生需要他自己去走，父母能背他走多久？篮球明星乔丹的妈妈曾深有体会地说："在对孩子放手的过程中，最棘手的问题是让孩子去追求自己的梦想，自己做出决定，选择与我为他们设计的不同的发展道路。"尽管有的孩子年龄尚小，但也有自己独立的人格，孩子们的事应该由他们自己做出决定。如果家长能够把选择的权利交给孩子，尊重孩子的选择，孩子就会对自己负责。

1.把决策的权利交给孩子

孩子的独立性往往表现在他的选择、决策及取舍上，但有些家长由于怕孩子自己选择错了，总是不敢把决策的权力交给孩子。可是，如果从来不给孩子选择的权力，他也就永远学不会选择，永远没有独立性。所以，想让孩子真正独立，就一定要把选择决策的权利交到孩子的手中。

2.学会给孩子提建议

当孩子面临选择和决策时，家长不要指手画脚地下命令，要学会给孩子提建议，尽量让孩子自己做决定。如果孩子碰到困惑难解的问题，家长明智的做法是与孩子一起商量，在交谈中探讨、比较各种方案或观点的优劣，引导孩子作出正确的选择。家长也可以说出自己的观点，讲清楚自己的理由，让孩子比较选择，但在任何时候也不要把自己的决定强加到孩子头上。

3.鼓励孩子说出自己的想法和意见

每个孩子都很有自己的想法，父母要允许孩子对自己不喜欢或者是不符合自己意愿的事情进行"反抗"，鼓励孩子勇于发表自己的看法。在孩子发表意见时，即使是错误的，也要让孩子说完，然后再给予适当的指导。对于孩子的正确意见，父母应该积极肯定和表扬，这种做法，能够在很大程度上提高孩子的自信心，培养孩子的自主能力。

克服优柔寡断，培养孩子果断的性格

对领导者来说，优柔寡断是致命的弱点。古人云："当断不断，反受其乱。"如果领导者做事拘谨多虑、瞻前顾后、犹豫不定，就不能果断地处理问题，从而坐失良机，后悔莫及。世间最可怜的，是那些做事举棋不定、犹豫不决、不知所措的人，是那些自己没有主意，不能抉择的人。这种主意不定、意志不坚的人，难以得到别人的信任，也就无法使自己的事业获得成功。

有这样一个小故事：

老张是个40多岁的中年男人，他有一个坏毛病，就是凡事都犹豫不决。本来他极想成功，但什么事都不能及时果断地做出决定，最后几乎因为犹豫这个恶习失去了工作。

但几年以后他却成为了一家旅游公司的总经理，那是因为一件小事改变了他。一个星期六的下午，老张坐在一家避暑旅馆的走廊上看书，无意中听到一个男子在和他的孩子们谈话。这位做父亲的仍决定不了，该在当天下午还是次日上午去驾船，这天气候很好。第二天也许更好。孩子们很想立即出发，而那父亲却还是唠叨着：现在去，还是明天去。这个人的犹豫让老张感到不耐烦，心里骂他：为什么还不快做决定，这个美丽的下午就快过去了。忽然老张一下想到，这不也正是自己的毛病嘛。办事不成功不在能力，而是在是否果断地做出决定。其实有些事情本身没有那么复杂。意识到这一点，老张从此改变了行为方式。他对自己说："要是我不愿意立刻就做一件事，那么我就要立刻去做决定在什么时候才做，而到时就非做不可！"几年来，老张就是这样督促自己，用"赶快决定"这么一个简单的方法使自己获得成功。

老张说得不错，正因为生活复杂、千头万绪，所以不要犹豫不决，尽快决定自己的选择，就显得十分重要。只要敢于决断，你便可以创造出促使自己成就某事、获得某物的欲望。

心理学认为，一个人遇事反反复复，犹豫不决，总拿不定主意的现象，是意志薄弱的表现，它直接影响着一个人选择能力的形成，而选择能力的强弱又对人的成功与否起着至关重要的作用。可以说，人是在各种各样的选择中度过人生的每一步的。其中，有些选择会直接影响自己或他人一生的命运。而优柔寡断、犹豫不决，正是选择的大敌。

优柔寡断是人的性格和思维判断不确定造成的。据心理学家研究，这种性格的形成要追溯到童年，很可能是父母影响的结果。有很多孩子从小在备受溺爱的家庭中，过着"衣来伸手，饭来张口"的现成生活，父母、兄弟姐妹是其拐杖，遇事易出现优柔寡断现象。还有的孩子从小被管束太严，这种教育方式教出来的人只能循规蹈矩，不敢越雷池一步。一旦情况发生变化，他们就担心不合要求，在行动上左右徘徊，拿不定主意。

生活中，有的孩子就经常犹豫不决，如果要问他要不要去某个地方，他一定会在那里想半天："是去呢？还是不去呢？"大量的时间就被他这种不断的、而且毫无意义的思考浪费掉了，他做起事来自然就会磨蹭拖拉。长此以往，对孩子的成长与心理健康是不利的。

媛媛是个乖巧的小女孩，做事认真，很少因为马虎出现错误。老师经常夸奖她，同学们也都羡慕她，只有妈妈知道媛媛是一个很没有主见的孩子，总是犹豫不决，和她一起做事情总是要浪费很多时间。周末，妈妈带媛媛去吃肯德基，走到门口时发现一边是肯德基一边是麦当劳，媛媛就开始犹豫了，去哪里成了大问题。妈妈知道媛媛的毛病，毫不犹豫地说："去麦当劳！"媛媛却说："我没有想好，等会儿。"妈妈着急，等了半天还是没有答案。妈妈拉起媛媛就走进了麦当劳。这样的事情天天上演。

今天做作业，是先做数学还是先做语文，媛媛思量了几分钟。爸爸急了，吼道："先写语文！"媛媛看见爸爸不高兴了，才打开语文作业本开始写起来。

很显然，媛媛是一个遇到事情拿不定主意、犹豫不决的孩子。

犹豫不决是迟疑、拿不定主意的意思。由这个定义我们就能看出来，一旦一个人做事变得犹豫不决，那么他就会不停地思考，不停地权衡，这也会使得他的行动变得缓慢。

研究表明，孩子优柔寡断有一定的普遍性。孩子做事不会天生就果断，父母应注意教育孩子，并让孩子在自我锻炼中培养果断的意志品质。

虽然我们不提倡孩子鲁莽行事，但我们也同样不希望孩子变得过分地瞻前顾后。他不能总是在左右衡量，当机立断才是孩子能快速做事的条件，否则犹豫不决一定会使他变得拖拉。而且，时间长了，孩子就会形成犹豫不决的个性。所以，我们该及时帮他纠正这种不良习惯，培养孩子果断的性格。

1.让孩子学会勇于决断

俗语常说，"三思而后行"。于是有些孩子便以这句话做挡箭牌，把果敢说成冲动。但事实上，一件事情他们可能已经三思、四思、五思了，可迟迟不能决定。现代社会瞬息万变，机会可以在瞬间出现，也可以在瞬间消失，所以父母要告诫孩子，分析完情形后，要立即决断，不然机会肯定就会溜走。果敢不是冲动，也需要孩子运用大脑进行思考，但是如果思考过了还迟迟不行动，就不是谨慎的表现，而是犹豫不决。父母应该鼓励孩子在认真思考过各方面利弊后，勇敢而果断地行动起来，不要把思考过的问题一遍又一遍地思考，耽误成功的机会。

2.给孩子选择的机会

一个人在做出决定以前，需要考虑利弊得失，再做出最佳选择。家长应在一定范围内给孩子充分自主的机会，让孩子有自我决策和选择的权利，凭自己的思考、能力去决定做什么事，怎样做。例如，到商店给孩子买玩具时，父母选定价钱后，鼓励孩子自己拿主意选择自己喜欢的款式与花色；又如，儿童乐园是孩子常去的地方，也是孩子最喜爱的地方，有的父母寸步不离地陪着孩子，规定孩子这个可以玩，那个不能玩，防止孩子出意外。这时，父母不妨让孩子自己做主，只给孩子以启发引导，适时地提醒孩子注意安全，鼓励孩子与其他小朋友开展竞赛，学习别人好的经验，同时要鼓励孩子自己创新。

3.正确评价孩子做的事

对孩子要求不能过高，要多鼓励、少批评。对竭尽全力也没做好的事，父母要给予理解，告诉孩子："没关系，以后再慢慢努力，爸爸妈妈小时候也经常这样。"父母正确的评价，可减轻孩子的心理压力，让孩子鼓起勇气去拿定主意。对孩子提出要求时，一定要根据孩子的个性特点、能力水平提出适当的要求，让孩子做力所能及的事，通过成功自我激励，体验成功的喜悦，获得信心。在孩子做事时，父母提出具体、明确要求，尽量让孩子明白怎样做。要求含糊不清、笼统会使孩子感到无从下手，拿不定主意。

4.培养孩子自信心

自信是孩子克服犹豫不决的前提。一个人如果对自己不自信，不能从容地面对挑战，很难想象他可以果敢地做出决定。平时在生活中，父母应该多鼓励孩子，让他们正确认识自己，相信自己，并且多让孩子去接触外部世界，如参加聚会、参加集体活动等，让孩子面对挑战和变化时，保持从容的态度，这样他们才能正确思考，准确把握时机，迅速出手夺取胜利。

真的爱孩子，就让孩子吃点苦

人生道路是曲折的，每实现一个目标，都需要努力奋斗。要奋斗就需要有一种勇于吃苦的精神。常言道："吃得苦中苦，方为人上人。"然而，现在的大多数孩子不懂得什么是苦、什么是累。曾经有则报道，一些印度高校拒绝接收中国独生子女入学就读，原因是中国父母舍不得让孩子吃苦，孩子的独立生活能力差，什么事情都喜欢找学校，弄得学校很头痛。这给中国父母提出了该让孩子吃吃苦的警示。

高尔基曾说过，"爱孩子这是母鸡也会做的事"。诚然，作为父母，疼爱自己的孩子似乎已经成为了一种本能，但是，科学的教育孩子的方法应该是爱而不露的。父母在将所有的爱倾注到孩子身上的同时要记住，适当的让孩子体会生活的艰辛，知道什么是苦、什么是累，这样既能让孩子提前感受到生活的不容易，同时也有利于提升孩子的幸福感。

19世纪俄国著名作家屠格涅夫说："你想成为幸福的人吗？那么首先要学会吃苦。能吃苦的人，一切的不幸都可以忍受，天下没有跳不出的困境。"纵观历史，从古至今，凡成大事者无一不是从吃苦中走来的。一个人没有吃过苦头，没有必要的历练，很难挑重担，也很难有大的作为。

美国第32任总统富兰克林·德拉诺·罗斯福是美国历史上唯一连任四届的总统。他出身于富豪家庭，父亲学过法律，又经过商，很有钱。然而，罗斯福的父母并不娇惯他，而是严格地管束他，并经常有意让他"吃些苦头"，特别是罗斯福的母亲。

母亲为小罗斯福安排了很严格的作息时间表：7点起床，8点吃饭，跟家庭教师学习3小时，休息，下午1点吃饭，午饭后又学到4点，休息。在如此严格的管理下，年幼的罗斯福经常喊苦喊累，但母亲一直坚持让他遵守。

吃苦是人生的一笔财富。让孩子吃点苦是对他的毅力和生活能力的一种磨炼，不能吃苦的孩子很难对现实有深刻的了解和理解。对孩子适当进行吃苦教育，是一种"大爱"的表现，是对孩子负责的表现，是有助于孩子成长的表现。

从孩子的成长规律看，儿童和少年时期是人生的基础阶段，家长有意识地创造一些条件，对孩子开展吃苦教育，非常重要，也有必要。因为人生道路是曲折的，每实现一个目标，都需要努力奋斗，要奋斗就需要有一种勇于吃苦的精神。

吃苦是一种能力，一种重要的生存能力。让孩子吃吃苦，是为他们将来的人生旅途走得平稳顺畅作加油充气、储能蓄势的准备，让他们踏入社会后，在风雨人生中，充分实现自身价值。吃苦能力越强，孩子的生存空间就越大，所以从小就得让孩子尝些"苦头"。

每晚吃饭的时候，小莱恩总要瞧准时机，站在自家门口，闻对门邻居餐桌上飘出的肉香，然后抽动鼻子，把香气吸进肚子里去。久而久之，小莱恩甚至能分辨出邻居吃的是什么肉。小莱恩想不通邻居家的餐桌上为什么总有鱼有肉，而自家十天半个月才能吃上一次肉。

小莱恩经常习惯性地吮着手指头站在门边看邻居一家吃鱼吃肉，口水从手指缝中流出。邻居常常会夹上一块肉放在他的手心，然后说："回去吧，回去叫你妈也买点肉吃。"有时小莱恩的几个弟妹也去，搅得邻居好烦。

有一天，小莱恩终于问妈妈："邻居的餐桌上为什么总有鱼有肉？"他想知道这个谜底。

妈妈没有回答。到了星期天，妈妈问小莱恩："今天晚上想不想吃肉？"小莱恩说："当然想。"妈妈沉声道："好吧，现在跟我走。"

妈妈带小莱恩到一家建筑工地，她向工头要了一截土方，工头在土方上画了白灰线，并告诉母亲，挖完了线内的土方，给工钱10美元。妈妈对小莱恩说："赶快挖，只要挖完了这截土方，晚上就可以吃肉了。"

小莱恩只挖了一会儿，手就发软，且磨起了泡，妈妈比画着说："已得一美元了。挖吧，再挖就又得一美元了。"小莱恩又支撑了一会儿，终于挖不动了。小莱恩说："妈妈，这太辛苦了，我吃不了这种苦。"妈妈说："歇一下吧，你歇一下再挖。"小莱恩就这样歇一会儿又挖一会儿，而妈妈总是不停地挖。

小莱恩记得那是初秋，天气仍然很热，妈妈的衣服湿了干，干了又湿，衣服上都能看到盐渍了。这么苦，小莱恩甚至不想今晚吃肉了。他鼓足勇气对妈妈说了，妈妈说："孩子，不吃苦就无法尝到甜。"

一天下来，母子两个终于把土方挖完了。妈妈从工头那儿领了10美元。这时，小莱恩连走路的力气都没有了。

晚上，餐桌上摆上了香喷喷的大鱼大肉，弟妹们吃得香极了。妈妈对小莱恩说："孩子，我想你知道邻居餐桌上的谜底了吧？"

妈妈又说："这就叫吃苦，孩子，你知道吗？"小莱恩的心灵为之一震，面对餐桌上的鱼和肉，还有吃得正香的弟妹，他哭了。

那年小莱恩11岁，他刻骨铭心地记住了邻居餐桌上有鱼肉的谜底和妈妈说的"吃苦"两个字。

从这位母亲身上，我们看到了她的良苦用心。通过让孩子亲自去体验"苦"，最终让孩子认识到了苦和甜的关系。可以相信，这件事将影响孩子的一生。如果父母想让孩子有一个美好的未来，要想让他在社会立足，就要舍得让孩子吃苦。

俗话说："人不吃苦枉少年。""嚼得菜根，百事可做。"生活本来就有苦有甜，每个人都应该能够自然而然地感受到这一点，并从中获得教益和锻炼。生活中吃点苦很正常，没什么大不了的；只有具备不怕苦的精神，一个人走向社会，面对现实生活时才能勇往直前，并在艰难困苦的奋斗中开拓自己的事业，实现自己的理想。

当然，对孩子的吃苦教育，一定要讲究方式方法。"吃苦教育"重在吃苦的过程中给孩子以教育，而不是为了让孩子吃苦而吃苦。正确的做法应该是"凡是孩子自己能做的事，让他自己去做"，将"吃苦"自然而然地融入孩子生活的全过程，在潜移默化中锤炼他们的意志和品格。如此，孩子长大以后，才能更好地面对困难、承担责任，用自己的双手和智慧自主创造美好的生活。正如苏联教育家苏霍姆林斯基所说："让孩子动手，亲自参加实践，吃点苦，受点累，不但可以探究知识奥秘，培养创造能力，而且有利于坚强意志和吃苦耐劳精神的形成。"

1.舍得让孩子吃苦

吃苦耐劳是我们中华民族的传统美德。这种美德不是先天形成的，而是后天培养、自我锻炼的结果。舍得让孩子吃苦，让孩子经历挫折，是父母培养下一代的一条重要途径。生活中，父母可以经常有意识地为孩子创造一个吃苦的环境，以此来培养他坚忍不拔、百折不挠的意志。否则，孩子就会因为缺乏吃苦的锻炼而无法拥有生活的本领，难以立足社会。

2.让孩子多经历生活的磨炼

我们给孩子再好的教育，都不如让他亲自去承受一些捶打，去经受一些历练，感受一下生活的艰辛和成人世界的"不容易"。父母可以从日常生活中的小事做起，要孩子完成适当的家务，如打扫卫生、洗碗、整理房间等，也可以要孩子参加社会实践，如卖报纸、农村生活体验、夏令营、与农村孩子交朋友等形式的活动。只有经过生活的磨炼，让孩子真正感受到生活的不易，才能使孩子发现自己生活的珍贵，才能明白幸福生活要靠自己的努力才能得到。

热爱劳动，让孩子在劳动中健康成长

劳动，是人区别于其他动物的基本条件，人类能够繁衍生存下去，是离不开劳动的。不管社会怎样进步、科学怎样发展，劳动永远是人们创造美好幸福生活的根源。

热爱劳动是人最重要的品性之一。世界上的成功人士大都有热爱劳动的好习惯。美国前总统奥巴马说：流汗的教育才是真正的教育。教育孩子从小热爱劳动，就是为孩子的人生道路创造一个良好的开端。劳动教育不仅可以培养孩子的生存技能，而且可以锻炼他们的意志品质，为他们将来自立于社会打下基础。

从20世纪40年代开始，哈佛大学的一些社会学家、行为学家和儿童教育专家对波士顿的456名孩子进行了长达20多年的跟踪调查，了解他们的生活经历和成长过程。

在这些孩子进入中年的时候，研究人员对他们的生活进行了分析，结果发现，不管这些人的智力、家境、种族或受教育的程度如何，也不管他们遇到多少困难和挫折，从小参加劳动的人，即使只在家里做一些简单家务的人，生活得要比没有劳动经验的人更充实更美满。

具体结果如下：当年爱劳动的孩子与不爱劳动的孩子相比，长大后的失业率为1∶15，犯罪率为1∶10，爱劳动的孩子平均收入要高出20%左右。此外，爱劳动的孩子离异率、心理疾病患病率也较低。

专家们分析说，让孩子从小做一些家务，可培养他吃苦耐劳、珍爱劳动成果、珍惜家庭亲情、尊重他人等良好的品质，长大以后自然比那些"四体不勤"的孩子更有出息。这一调查结果表明，劳动与孩子成才有着非常密切的关系，也启发当代父母从更广泛的意义上认识劳动对孩子成长的影响作用。

据报道，德国制定了法规，规定孩子必须帮助父母从事家务劳动。6~10岁的孩子应帮助父母洗碗、买东西、扫地；10~14岁的孩子要参加整修草坪园子的劳动；14~16岁的孩子要帮助清洗汽车、参加园艺劳动；16~18岁的孩子每周要参加一次家庭大扫除。世界各国城市小学生每日劳动时间也比中国多。据统计，美国小学生每日劳动1.15小时，泰国小学生每日劳动1.18小时，韩国每日0.7小时，英国每日0.6小时，中国每日0.2小时。即中国小学生每日劳动时间只有12分钟。

可见，中国孩子与国外孩子在独立意识、自主能力和吃苦耐劳精神等方面表现出较大差异，这不由得让人担心，如果我们培养出来的未来一代是轻视劳动、缺乏劳动技术能力的一代，那么将来他们靠什么去生存立足，又怎么能担当起建设国家的重任呢？

因此，父母应该从小注意对孩子进行劳动意识的教育，进行劳动实践的培养，让孩子在劳动中体验快乐和喜悦，这对孩子的成长十分有利。事实上，很多取得成就的名人，他们的成绩的取得与父母小时候对他们的劳动教育是分不开的。

美国第34任总统艾森豪威尔，很小的时候，就在母亲的指导下，学会了家务劳动。在学习之余，艾森豪威尔不仅要砍柴、做饭、打扫卫生，还要在自家的空地里学种蔬菜，参加家庭劳动。

有一年，艾森豪威尔的弟弟染上了猩红热，家里顿时紧张起来，猩红热是一种传染病，病人必须和家里人隔离开。于是，父亲便和几个孩子挤着住在楼下，由母亲来照看弟弟。由于父亲要每天工作，两个哥哥又在外地打工，其他的几个孩子年龄尚小，所以母亲就把烧水做饭的事情交代给艾森豪威尔去做。小艾森豪威尔此前根本不会做饭，但是在这种情况下，他也只有下定决心把饭做好。

刚开始，母亲手把手地教他生火、切菜、做饭的一整套程序，每天把要做的饭菜都准备好，小艾森豪威尔便开始一个人在厨房里忙活起来。凡事都是被逼出来的，他虽然从来没有做过饭，但对做饭来说还是感到很新鲜有趣，所以就做得很认真仔细。刚开始的时候厨艺不精，做出来的饭菜常常让家里人难以下咽。但母亲每次都吃得很起劲，还鼓励他说，做得很好吃，让他继续努力。经过一段时间的磨炼，艾森豪威尔的厨艺有了很大的提高，还练就了几个拿手好菜，看到家里人每天吃饭狼吞虎咽的样子，他高兴极了。

从此以后，艾森豪威尔便承担起了家里做饭的任务。上中学的时候，有一次，学校组织出去郊游，由他来负责给大家烧饭。凭着母亲教给自己的手艺，他做了一顿丰富的野餐，令同学们赞不绝口。这也使他深深地体会到，只有依靠艰苦的劳动，才能改变和创造生活，赢得他人的赞赏。

直到晚年，艾森豪威尔还常常津津乐道自己少年时期做饭的经历。

苏联文学家高尔基曾说过："劳动是良心和义务的第一个最公正的捍卫者。劳动是把精神的振奋和手的能量融为一体的活动，是最重要的人类幸福的源泉。"一个人有无劳动的兴趣和能力，将直接影响他一生的发展。劳动教育对于培养孩子做人的基本品质和基本能力十分重要，如果家长忽视了孩子的劳动教育，就是忽视了孩子最根本的生存教育。劳动教育将直接影响一个孩子的意志力、实践能力、心理素质等非智力因素，而这些非智力因素直接影响智力的发展。试想，一个没有毅力、意志薄弱、实践能力差、社会适应能力差、心理素质差的孩子，能在学习上取得好成绩吗？

人在步入社会之前，就应该具有一定的独立性。否则，他将可能会因在生活中难以自立而一事无成。从小让孩子进行劳动锻炼，使孩子学会做点事，减少对成人依赖的心理，将会促进孩子"自己能做的事自己做，不依赖别人帮助"的独立意识形成，这对培养孩子的独立性将起着巨大的作用。

希尔顿是美国希尔顿饭店的创始人，他很小的时候，父亲就注重培养他劳动实践的能力。

有一天，天刚亮，父亲就把希尔顿叫起来，把一个大约两米长的草耙交给他，并用愉快的声调说："你可以到畜栏里工作了。"小希尔顿接过这个比他的个头高两倍的草耙，开始了他人生中的第一次劳动。就这样，希尔顿少年时代便在父亲的带动下，边读书边干活，养成了勤勉和善于经营的本领。

希尔顿上学后，父亲专门开辟了一块地给他，让他自食其力，学会耕种赚钱。他在地里种上青菜，每天放学后就跑去松土、浇灌和施肥。等青菜收获了，他便拿到市场上去卖。这时，他的第一个顾客往往是他母亲。当他接过母亲手中的钱时，他总是深深地感受到收获的喜欢和成功的快乐；同时也对自己的劳动成果倍加珍惜。

学校放假时，小希尔顿就跑到父亲的商店里去打工，跟父亲学做生意。父亲教他如何处理各种各样的业务，如何衡量信用，如何与顾客讨价还价，如何揣摩顾客的心理需求，如何进货退货，以及如何在紧要场合保持心平气和。有一次，父亲让他帮助进货。他一个人跑到离家几百里的地方，一去就是十几天。在这样的磨炼中，他得到了许多经验，胆子也越练越大，迅速地成为了一个出色的小生意人。而正是这些必要的训练和宝贵的经验，促成了他日后的成功。

　　劳动是生活的重要组成部分，人的一生都离不开劳动。父母要从小树立孩子"劳动光荣"的观念，从小培养孩子劳动的积极性和劳动的技能。

　　热爱劳动是一种好的习惯。英国著名教育家洛克雷说过："一切教育都归结为养成儿童的良好习惯，往往自己的幸福都归结于自己的习惯。"应该说，劳动习惯的养成，是孩子今后幸福的重要保证。为了孩子的一生，家长一定要从小培养孩子爱劳动的习惯，对孩子力所能及的事不要大包大揽，让孩子自己的事情自己做，不会的事情学着做，会做的事情经常做。只有这样，我们的孩子才能健康成长。

　　1.让孩子学会做家务

　　苏联著名教育家苏霍姆林斯基说："家务劳动是最细心、最严格的保姆，是教育中的朋友和助手。"如果想让孩子热爱劳动，就要从做家务活开始，让孩子从小就具备做家务活的习惯和能力，把家务活看成是生活中很自然的内容之一。如果家长什么事情都不让孩子做，这看起来好像是对孩子的一种"爱"，可就是这种"爱"在无形中抑制了孩子许多良好习惯的养成。所以，家长们一定要舍得让孩子参加家务劳动，帮助孩子成为有责任和热爱劳动的人。

　　2.教给孩子一些劳动技能

　　现实生活中，经常有些孩子愿意帮助父母干些力所能及的家务活，但因为不会干而越帮越忙，甚至弄坏了这碰坏了那，从而因为害怕失败而导致孩子丧失劳动积极性。解决这种问题的根本方法就是培养孩子的劳动技能。比如，要孩子做饭，就应该告诉他做饭的程序，放多少水，煮多长时间，等等，必要时要给孩子做示范。

第二章
孩子是否具有领导力，关键看他有没有自信

有自信的孩子，人生不会太差

自信是一个人对自身力量的认识和充分估计，是一种良好的心理品质，也是一个人克服困难、自强不息、取得成功的内在动力。大凡成功人士，都有着自信与积极的人生态度。他们始终以饱满的激情、强烈的自信心和积极的人生态度，去坦然地面对困难，并善于克服困难。

莎士比亚曾说："自信是走向成功的第一步，缺少自信即是失败的原因。"爱默生说："自信是成功的第一秘诀。"自信是一个人潜力的"放大镜"。如果你是一个自信的人，那么你就会乐观进取，做事积极主动，勇于尝试，乐于接受挑战；但若是你缺乏自信，那么你就会在任何事情面前都表现得极为缺乏自信，因而柔弱、害羞、充满恐惧，既不敢面对新事物，也不敢主动与人交往，将失去很多学习和锻炼的机会，影响自身的发展。长此以往，你就会产生"无能"的感觉，变得自卑，甚至可能产生自暴自弃、破罐子破摔等极度不良心理，后果将很可怕。

在一次演讲会上，她站在台上，时不时地挥舞着她的双手；她仰着头，脖子伸得好长好长，与尖尖的下巴扯成一条直线；她的嘴张着，眼睛眯成一条线，诡谲地看着台下的学生；偶尔她口中也会呓呓语语的，不知在说些什么。基本上她是一个不会说话的人，但是，她的听力很好，只要对方猜中，或说出她的意见。她就会乐得大叫一声，伸出右手，用两个指头指着你，或者拍着手，歪歪斜斜地向你走来，送给你一张用她的画制作的明信片。

你一定不会想到这样的一个人竟然是台湾家喻户晓的画家、台湾十大杰出青年奖章的获得者——黄美廉，一位自小就患脑性麻痹的病人。

黄美廉出生于台南，出生时由于医生的疏忽，造成她脑部神经受到严重的伤害，以致颜面、四肢肌肉都失去正常作用。当时她的父母抱着身体软软的她，四处寻访名医，结果得到的都是无情的答案：她不能说话，嘴还向一边扭曲，口水也止不住地往下流。6岁时，她还无法走路，妈妈听说患有脑性麻痹者到二三十岁时仍在地上爬，妈妈无法想象她的未来，绝望地想把她掐死，再自杀。

脑性麻痹夺去了她肢体的平衡感，也夺走了她发声讲话的能力。从小她就活在肢体不便及众多异样的眼光中，她的成长充满了血泪。然而她没有让这些外在的痛苦击败她内在的奋斗精神，她昂然面对，迎向一切的不可能。终于在1993年获得了加州大学艺术博士学位，她用她的手当画笔，以色彩告诉人"寰宇之力与美"，并且灿烂地"活出生命的色彩"。

在一次演讲会上，有一位学生问黄美廉："你从小就长成这个样子，请问你怎么看你自己？你没有怨恨吗？"

黄美廉转身用粉笔在黑板上重重地写下"我怎么看自己"这几个字。她写字时用力极猛，有力透纸背的气势，写完这个问题，她停下笔来，歪着头，回头看着发问的同学，然后嫣然一笑，转过身在黑板上龙飞凤舞地写了起来：

一、我好可爱！

二、我的腿很长、很美！

三、爸爸妈妈这么爱我！

四、上帝这么爱我！

五、我会画画，我会写稿！

六、我有只可爱的猫！

七、还有……

八、……

忽然，教室内鸦雀无声，没有人敢讲话。她回过头来定定地看着大家，再回过头去，在黑板上写下了她的结论："我只看我所有的，不看我所没有的。"学生群中响起了掌声，黄美廉倾斜着身子站在台上，满足的笑容从她的嘴角荡漾开来，眼睛眯得更小了，有一种永远也不会被击败的傲然，写在她脸上。

一个残疾人，能够取得如此辉煌的成就，可以说是她发自心底的自信，激发了她的才能，使她获得了成功。

自信是一种积极的性格表现，是一种强大的力量，也是一种最宝贵的资源。在人生的旅途上，是自信开阔了求索的视野；是自信，催动了奋进的脚步；是自信，成就了一个又一个梦想。

自信对孩子的发展也有着巨大的作用。自信是孩子成长过程中的精神核心，是促使孩子充满信心去面对困难，努力完成自己愿望的动力。有一句教育名言这样说：要让每个孩子都抬起头来走路。"抬起头来"意味着对自己、对未来、对所要做的事情充满信心。任何一个人，当他昂首挺胸、大步前进的时候，在他的心里有诸多的潜台词——"我能行！""我不比别人差！""我的目标一定能达到！""我是最棒的！""小小的挫折对我来说不算什么"……假如每一个孩子都有这样的心态，肯定能不断进步，将来成为有用之才。因此，激发孩子的自信，让孩子挺起自信的胸膛，是父母应该重视的问题。

拜伦是19世纪初期英国伟大的浪漫主义诗人。他天生跛一足，看了好多医生，但一直没什么效果，所以对此很敏感，忌讳别人说他有缺陷。

有一次，他走在路上，一个女人看见了他走路的样子，遗憾地说："多么可怜的一个孩子啊！走路一瘸一拐的。"

拜伦听后很生气，他从地上捡起一个木棍，追打着那个女人，并歇斯底里地大叫："给我闭嘴！"

后来，母亲发现了拜伦的心理异常，为了消除他的自卑，抚平心灵的创伤，母亲对他说："孩子，不要在意自身的缺陷。记住，你身体里流动着的是家族高贵的血统。"

"别的孩子也这样吗？"小拜伦问。

"噢，当然不是，这些都是别的小孩所没有的，你要为有这样的血统而感到骄傲才对。"母亲自豪地说。

从此，小拜伦的内心就平静了许多，他知道自己也有胜过别的孩子的地方。

为进一步恢复小拜伦的自信，母亲经常带他去爬山。每当小拜伦艰难地登上山顶时，他都会激动无比。当他看到山峰上云雾缭绕的景象，心情也开阔了许多。他还很喜欢在杂乱的石堆中走步，从一块石头跳到另一块石头，似乎已经完全忘却了自己的腿有毛病。

为了小拜伦能和正常孩子一样，母亲请了许多著名的医生为孩子医治腿疾，但同时，母亲也认识到，要想彻底消除孩子的自卑心理，光靠医治腿疾是远远不够的，只有让孩子在各方面比其他小孩都优秀，才能重新树立起孩子的自信心。于是，母亲要把拜伦培养成一个出类拔萃的孩子。

在拜伦不到5岁时，母亲就送他去上学，希望他能通过学业忘记自身的腿疾。为了提高他的学习能力，母亲还特意为拜伦请了两个家庭教师。拜伦从小聪敏颖悟，具有丰富的想象力，他的学习能力很强。在学校里，无论在知识拥有量上还是在诗歌写作方面，他都胜人一筹。

不仅学习如此，在运动方面，母亲也经常鼓励拜伦要像正常的人一样去参加体育锻炼。拜伦特别喜欢游泳和潜水，在水里，他灵活的动作，根本就看不出腿脚有什么不正常。他完全忘记自己的身体缺陷，他在各个方面都一心想着要胜过别人。

就这样，在母亲的鼓励和精心培养下，拜伦摆脱了自卑的情绪，建立了自信，从一个自卑的孩子成长为一位杰出的诗人。

自信心是孩子成长道路上的基石，是学习过程中的润滑剂，是生活中必不可少的勇气。但自信并不是与生俱来的，必须由家长对孩子从小加以正确引导，使孩子逐渐学会相信自己，建立起自信。生活中，父母要从点点滴滴的小事做起，培养孩子的自信心。

1.让孩子从成功的喜悦中获得自信心

体验成功，是增强自信心的一种好办法。心理学研究表明，一个人只要体验一次成功的喜悦，便会激起无休止的追求意念和力量。不少孩子有这样的体验，因为在某次考试中考出了好成绩，从此就爱上了该门课程；反之，屡遭失败，就可能对该门课程产生厌恶。可见，成功的快乐是一种巨大的鼓舞力量，成功的积极体验会增强孩子的学习动力，激发孩子再尝试的欲望。因此，我们应该充分利用孩子的成功愿望，让每个孩子都能得到成功的体验，使每个孩子在不断获得成功的过程中，产生获得更大成功的愿望，使他们在原有的基础上都能得到更理想的发展。

2.教孩子积极的心理暗示

人的自信是一种内在的东西，需要由个人来把握和证实。所以，父母帮助孩子建立自信的最好办法，就是让孩子学会自我激励，给自己喝彩。当孩子感到信心不足时，父母应该鼓励孩子进行积极的自我暗示，把"别紧张，我也行""我一定能成功"之类的话写下来，或者大声说出来。也可以在此基础上，让孩子根据自己的实际情况拟定一句鼓舞斗志的话，每天上学之前都念上几遍，在语言暗示后再满怀信心地去上学。这样，孩子就会通过积极的自我暗示机制，鼓舞自己的斗志，增加心理力量，使自己逐渐树立起自信心。

引导孩子养成乐观的性格

契诃夫在他的一篇文章里介绍了一种苦中寻乐的思考方法。

——要是有穷亲戚来找你，那么你不要脸色发青，而要喜洋洋地叫道：真好，幸亏来的不是警察。

——要是你听到了难听的歌声，你应该庆幸：我是在听音乐，而不是在听猫叫或狼嗥。

——要是你有一颗牙疼起来，那你就该高兴，幸亏不是满口的牙疼。

以此类推，照着这样的方式去看世界，你会发现生活变得其乐无穷了。

其实，任何事我们都能往好的方面想，也能往坏的方面想。与其想坏的方面折磨自己，不如想好的方面让自己高兴些。这就是乐观的心态，即使发生的确实是一件坏事，也能为自己找出高兴的理由。

乐观是美好生活的源泉，也是"生活艺术"的最高境界。在这个世界上，唯有一种方法，能让人们感觉到生活都是幸福美好的，那就是保持乐观的心态。乐观心态犹如一轮太阳，使人们沐浴在温暖的阳光下。

里根是美国的第40任总统，他的乐观和自信给世人留下了深刻的印象。他的这种性格来源于他的少年时代。

当里根还是一个小男孩儿的时候，有一次，父母把他锁在一间堆着马粪的屋子里，要他体验一下生活的艰辛。一段时间后，父母有些放心不下，就到屋里去看他。哪料到，他非但没有哭闹，反而兴致勃勃地铲着那些马粪。他对着惊讶的父母兴奋地说道："周围这么多马粪，我明白，在这附近的什么地方，准有个小马驹。"

这个寻找小马驹的男孩儿就在乐观的情绪中一天天长大，虽然他的家庭从未富裕过，甚至在萧条时期几乎破产，但在里根的记忆中，生活大都是幸福完美的。即使是在总统大选中遇到挫折、前景黯淡时，里根仍持续着他的乐观。

这个世界就像个多棱镜一般，这一面是不幸，另一面可能就是幸运，如果能以一种乐观的心态去对待，不幸就可以转化为幸运。世间事都在自己的一念之间。我们的想法可以想出天堂，也可以想出地狱。生活里，只要我们学会坦然面对不愉快的事，抱着一种乐观的态度，那么一切的好运都会涌向你。

《乐观儿童》的作者、美国心理学家马丁·塞利格曼认为：乐观远不仅是一种迷人的性格特征，它实际上更是一种心理免疫力，足以帮助人们抵御生活中的任何困难。在生活中，拥有乐观品质的人是快乐、自信的，他们有较强的适应力、竞争力和耐挫力，能积极主动地面对困难和挫折。

李·艾柯卡是美国著名的企业家，他的父亲尼古拉·艾柯卡也是一位企业家，最富有的时候，拥有几家电影公司和富兰克林戏院，另外，还有一个包括30多辆车的车队。所以，在李·艾柯卡6岁之前，他们的生活非常安逸温馨。但是，就在上世纪30年代那场经济危机之后，尼古拉家里几乎丧尽了全部财产。面对这样悲惨的局面，尼古拉和妻子没有悲观失望，也没有把失败的阴影带给孩子。童年的李·艾柯卡一直从父母那里得到慈爱和温暖，得到了战胜困难的乐观精神和积极迎接生活挑战的处世态度。

父亲虽然仅上过4年学，却是那种能够把理想和现实结合起来的人。他在经商过程中不止一次地遇到过挫折，都凭自己的智慧和经验闯过来了。他善于总结自己的人生经验，并把这些经验传授给孩子。在儿子的成长过程中，每当遇到困难时，他都能找到适当的话题，及时给予点拨。比如，如何应对困难，如何结交朋友，如何做好每一件事，如何实现自己的理想，等等，他都不时地把道理讲给儿子听。

当儿子遇到屈辱和困惑，满腹心思、闷闷不乐时，父亲总是乐观地对他说："孩子，发生了什么事？不要紧，这没有什么。任何困难都将是暂时的。忘掉它，迎接美好的明天吧。相信明天会好起来的。"

"忘掉困难，迎接美好的明天。"这句话一直是艾柯卡的家训。孩子们也很相信他们的父亲，每当遇到不如意的事情，就会找父亲谈心。

一次，小艾柯卡在小学竞选班干部，因对手做了手脚，他落选了，而老师却没有主持公道。愤怒的他跑回家，把满肚子的委屈告诉了父亲，希望父亲到学校去找老师评理。但父亲没有这样做，而是对儿子说："这个世界上不合理的事情是很多的。尽管我们都追求合理，但这是很难实现的。怎么办呢？把委屈放在心里，别计较它；特别是对那些不值得计较或无能为力的事，更应该这样。不要钻牛角尖，而要朝前看。"父亲的话使儿子的心结得以化解。

有一年，小艾柯卡病倒了，得的是风湿热病。这种病在当时是非常可怕的，曾夺去了很多人的生命。小艾柯卡非常害怕死去。在痛苦和绝望中，父亲以开朗的性格和乐观的态度鼓励他。父亲说："每个人都会遇到挫折和不幸，也包括各种各样的疾病。孩子，当人遇到不幸时，首先不要让精神垮掉，而要想方设法同不幸做斗争，并在斗争中获得知识和力量。"在父亲的关怀和母亲的照料下，小艾柯卡在经过6个月煎熬之后，终于战胜了病魔，恢复了健康。

乐观是一种性格倾向，使人能看到事情比较有利的一面，期待更有利的结果。一个乐观向上的孩子，善于看到事物中积极有利、乐观向上的一面，在平时的学习生活及人际交往中能够建立起良好的关系；而且，乐观的孩子常能心存光明远景，对未来有美好的期待，即使身处逆境，也能凭借乐观的心态、坚定的信念和顽强的毅力战胜困难，走出逆境。相反，一个悲观消极的孩子，则会过多地看到事物中消极不利的一面，经常产生悲观、失望、沮丧的情绪，长此以往，将会影响孩子身心的健康发展，扼制孩子自身潜能的发挥。因此，父母帮助孩子从小形成积极乐观的心态，避免消极心态对孩子的困扰，就是为孩子健康快乐的人生奠定牢固的基石。

积极乐观是一种性格，更是一种品格。乐观的性格有助于孩子增强克服困难的信心，有助于孩子健康成长。孩子正处在身体和心理的发展时期，在这个过程中，父母应重视培养孩子乐观向上的人格、豁达的积极的人生态度。

1.用积极乐观的态度感染孩子

父母是孩子的榜样，要想使孩子有积极乐观的心态，父母首先要有积极乐观的品质。父母积极乐观的思维和处世方式，使孩子耳濡目染，会潜移默化地影响孩子。教育家斯宾塞说："孩子很容易受到家长的影响，如果他感受到了你的积极，他会慢慢获得一种美好的人生感觉，信心倍增，人生目标感也越来越强烈。"因此，父母要善于用美好的感觉、态度和信心影响孩子，并向孩子传递一种积极的人生信念。

2.引导孩子看事情积极的一面

俗话说："塞翁失马，焉知非福。"任何事情都有两面性，可能一次小小的失败正是成功的预兆。因此，当孩子经历一些不愉快的事情或者遭遇失败的时候，我们一定要引导他辩证地看问题。比如，孩子被老师当众训斥了一顿，一直耿耿于怀，这个时候，我们要让他明白，老师之所以训斥他，是因为器重他，所以他要更加努力，争取不让老师失望。这样孩子才会化愤怒为动力，抱着乐观的心态更加积极进取。

3.引导孩子发泄负面情绪

每个孩子都会碰到不顺心的事情，即使天性乐观的孩子也不例外。孩子在生活中碰上不满的事情之后，父母千万不要让由此产生的负面情绪憋在孩子心里，这很不利于孩子心理的健康发育。当孩子感到悲伤失望时父母要给孩子以安慰，让孩子把自己的不满和委屈都讲出来，学会正确地运用心理疏导方式及时地走出不良情绪的困扰。如果不良情绪长期得不到发泄，就会发生壅塞，只会渐渐地使孩子走向消极。平时，父母要多向孩子灌输一些乐观主义的思想，让孩子明白，困难是短暂的，人生的道路是平坦的。

赏识教育，用表扬增强孩子的自信

有人说："好孩子是夸出来的。"如果一个孩子能够感到自己是被别人赏识的，自己是被别人重视的，自己对别人来说是重要的，那他就会自然地产生愉悦的感觉，他的行动就会更加积极，做起事情来就会充满自信。

心理学家曾经做过这样一次心理测验：

把孩子分成甲、乙两个组，分别让他们考同样的问题。过了三天，再度去那所学校，告诉甲组同学："上次考试成绩非常好，今天再考一次，你们千万不能输给上次，好好写吧！"又对乙组的同学说："你们上次成绩很差！这怎么行呢？这次必须反败为胜才行！"结果，原本成绩相当的两组，得到肯定和夸奖的一组，第二次测试成绩很好；责骂后再考的那一组，成绩很不理想。

这个测验告诉我们：赏识引向成功，责骂导致失败。作为一种心理需求和渴望，人人都希望听到善言和表扬，可以说，不断进行正面激励是一个人成长中的动力源。同样孩子也是如此。如果一个孩子生活在鼓励中，他就学会了自信；如果一个孩子生活在认可中，他就学会了自爱。这就是"赏识"——欣赏肯定。而赏识一旦被家长正确运用，它的魅力是无穷的，会成为孩子不断追求成功的"金钥匙"。

心理学家威廉·詹姆斯曾说过："人性最深切的渴望就是获得他人的赞赏，这是人类有别于其他动物的地方。"赞扬就是给孩子以积极的期望。做父母的应该而且必须赏识你的孩子，要把赏识当成孩子生命中的一种需要。有了赏识的心态，父母就会把孩子当作天才来看待。

一个10岁的男孩在一家工厂做工。他一直想当一名歌星，但是，他的第一位老师却说："你五音不全，不能唱歌。你的歌简直就像是风在吹百叶窗。"回到家里后，他很伤心，并向他的母亲——一位贫穷的农妇哭诉这一切。

母亲用手搂着他，轻轻地说："孩子，其实你很有音乐才能。听一听吧，你今天唱歌时比昨天乐感好多了，妈妈相信你会成为一个出色的歌唱家的！"听了这些话，孩子的心情好多了。后来，这个孩子成了那个时代著名的歌剧演唱家。他的名字叫恩瑞哥·卡素罗。

卡罗素回忆自己的成功之路时这样说："是母亲那句肯定的话，让我有了今天的成绩。"

由此可见，做家长的学会肯定自己的孩子是很重要的。孩子得到了父母的鼓励就能够朝着自己的目标勇往直前地努力，最终实现自己的理想。

赏识可以发现孩子的优点和长处，激发孩子的内在动力，帮助孩子扬长避短，克服自卑、怯懦心理，树立自信心。每个孩子都有他的长处，家长要学会赏识，用赞赏、相信的眼光看待每一个孩子，给他们信心和力量。有时候，家长的鼓励是孩子对自身言行作出价值判断的依据。如果家长经常表扬孩子，他的心里就充满了自豪和自信，觉得自己很优秀、很特别；相反，如果孩子平时听到的都是训斥、挑剔，他就会否定自己而产生自卑心理，进而失去对学习和生活的热情。所以，作为家长，要相信自己的孩子。当孩子在某一方面有进步时，千万不要吝惜自己的夸奖和赞美；当孩子遭遇失败或孩子行为有过失时，不能对孩子全盘否定，要善于发现其中的闪光点。

曾有这样一个感人至深的故事，讲的是一位母亲参加三次家长会后对孩子的教育：

一位母亲第一次参加家长会，幼儿园的老师对这位家长说："你的儿子有多动症，在板凳上三分钟都坐不住。"回家的路上，儿子问妈妈，老师都说了些什么？妈妈鼻子一酸，差点掉下泪来。她告诉儿子："老师表扬你了，说宝宝原来在板凳上坐不到一分钟，现在能坐三分钟了。别的家长都羡慕妈妈，因为全班只有宝宝进步了。"那天晚上，她儿子破天荒地吃了两碗饭，而且没让妈妈喂。

在第二次家长会上，老师说："全班50名学生，你儿子排在第49名，我们怀疑他智力上有些障碍，你最好能带他到医院查一查。"回去的路上，妈妈流下了眼泪。回到家，看到儿子惶恐的眼睛，她又振作精神说："老师对你充满信心，你并不是一个笨孩子，只要再细心点，一定会超过你的同桌。"说这些话的时候，她发现儿子的眼里一下子充满了光亮，发愁的脸也一下子舒展开了。第二天上学，儿子比平时都要早。

第三次是初中毕业班家长会，老师没有在差生的名单里提到她的儿子，到家长会结束也没有提到她儿子的名字，她有点不习惯，临别，去问老师，老师告诉她："按你儿子现在的成绩，考重点高中有点危险。"母亲心里有一种说不出的甜蜜，她告诉儿子："班主任对你非常满意，他说了，只要你努力，很有希望考上重点高中。"

高中毕业了，当她儿子从学校回来，把一份清华大学录取通知书交到她的手里，突然跑到自己房间里大哭起来。边哭边说："妈妈，我一直都知道我不是个聪明的孩子，是您……"她再也按捺不住十几年来凝聚在心中的泪水，任它打在手中的信封上。这是一位伟大的母亲，她用赏识教育代替惩罚教育，她成功了。

可见，赏识对于成长中的孩子来说是至关重要的。我国教育家陶行知先生曾经说过："教育孩子的全部秘密在于相信孩子和解放孩子。相信孩子、解放孩子，首先要赏识孩子。"所有孩子心灵深处都渴望得到别人的赏识。孩子从父母欣赏的眼光、赞赏的话语、满意的点头、会意的微笑、热烈的掌声中得到肯定，赏识可以发现孩子的优点和长处，激发孩子的内在动力，增强孩子的自信心。

一位著名的教育家说："孩子需要激励，就如植物需要浇水一样。离开激励，孩子就不能生存。"

赏识是教育的真谛，是父母送给孩子的最好礼物，它能够带给孩子无限的信心和动力，让孩子不断地前进。父母们请务必记住：对待任何一个孩子，往往是赏识越多优点越多，训斥越多毛病越多。学会赏识孩子并不是一件容易的事，每位家长都要仔细地研究与思考鼓励孩子的策略，并养成赏识孩子的习惯。

1.及时表扬孩子的进步

孩子有了进步，最好当时当地给予夸奖和鼓励，这样孩子的成就感和荣誉心就会得到最大的满足，进而会把后面的事情做得更好，否则，事过境迁，已经没有了当时的氛围，你再去夸奖他，会使夸奖的作用大大降低。因此，不管有多么繁忙，我们都要在孩子有好的言行之后马上加以表扬，使孩子好的行为得以固化和发展。表扬应该如"及时雨"，给孩子渴望的心灵送去清凉。

2.表扬孩子要具体

特级教师于永正在写给女儿的《给新教师的20条贴心建议》中曾指导女儿："表扬要有实指性，忌空泛。"所以在表扬孩子时，应该对孩子的优点和进步的具体细节给予肯定，如"你很会思考""你对某件事情有你自己的看法真的不错""你的数学成绩比以前有进步"等，而不总是简单而笼统地夸奖"好""不错""真棒"，使孩子明白自己"好"在哪里，这样效果会更好。否则，孩子不能从内心得到肯定，当然就可能对你所谓的赏识无动于衷了。

3.用欣赏的眼光看孩子

在日常生活中，很多父母总是一眼就能洞察别家孩子的优点，却对自家孩子的长处置若罔闻；总是不遗余力地去夸赞别家孩子的优秀，却对自家孩子吝惜一句真心的赞美。这样做难免会伤害孩子的自尊心，影响孩子的健康发展。我们不妨换一种方式，用欣赏的目光注视孩子，用鼓励的语言激励孩子；发现每个孩子的独特之处，发现他过去和现在的行为变化，增强孩子的自信心。

克服自卑，活出自信从容的模样

所谓自卑，就是自己轻视自己，看不起自己。自卑是一种性格缺陷，是一种不阳光的心态。具有自卑心理的人往往性格懦弱、内向，意志比较薄弱。这种人总是一味地轻视自己，总感到自己这也不行，那也不行，什么也比不上别人。这种情绪一旦占据心头，结果是对什么都不感兴趣，忧郁、烦恼、焦虑便纷至沓来，最终对待生活、学习和工作心灰意冷、万念俱灰。

自卑性格的形成往往源于儿童时代。一个人小的时候，正是性格和信念发展的重要时期，也是一个人学习功课、掌握本领的重要时期，此时如果产生了自卑感，不相信自己有能力去改变世界，整日用一种消极和自卑的情绪去生活，那么他们的自我暗示就会接收这种缺乏信心的精神，从此一蹶不振，引发出人际关系障碍和许多行为上的困扰，妨碍学习、生活和人际交往的正常进行。这对于孩子的成长是十分不利的。

吴某，出生在一个偏僻的小山村，父母都是老实巴交的农民。他从小就饱受欺凌、忍气吞声，但他脑子聪明，又刻苦用功，终于考上了大学。他本该为此感到自豪，可他没有，相反，那种自卑心理、封闭意识更严重了。

他比较自己和周围人的衣着打扮、生活用具、谈吐、知识乃至家庭状况，得出一个结论：自己的一切都不如他人，自己不好意思甚至不配与他们一起谈话做事。

于是，他从不主动与同学说话，总是低着头走路、蒙着头睡觉。班里、系里组织的文娱、体育活动，他能逃避尽量逃避，不能逃避则躲在角落里。他总觉得，同学们的目光都在对他挑剔、讽刺、挖苦、嘲笑。

一次，班里组织元旦联欢晚会，他去了。同学们击鼓传花表演节目，他坐在角落里局促不安，非常紧张。当鼓点在他那里停止时，他窘迫得面色苍白，尴尬难堪了一阵后冲出了房间，眼泪在眼眶里打转。

另一次，班里中秋节聚餐，同学们都兴致勃勃、兴趣盎然。当大家举杯为全班同学的友谊干杯时，竟发现他不在。班长回宿舍一看，他正把头蒙在被子里抽泣。

吴某的孤独，同学和班干部都看在眼里，但是他以强烈的自卑心理和封闭意识拒人于千里之外。于是，随着时间的推移，没有人再主动找他说话、帮助他。他总是唉声叹气、极端消沉，对任何事都没有一点兴趣。随着课程的加重、心理负荷的加重，吴某终于在大学二年级的下学期精神崩溃了。

那个学期期末考试，他好几科不及格。按照学校规定，他应该留级。这对本来心理压力就很重的他来说，无异于伤口撒盐。他得知这一消息后，坐立不安，茶饭不思，当天夜里，他失踪了。最后，人们在学校后面的湖里发现了他的尸体。他跳湖自杀了。

案例中的吴某具有典型的自卑心理，他看不到人生的光明和希望，领略不到生活的乐趣，也不敢去憧憬美好的明天，以致最后以自杀结束了自己的生命。

自卑是一种人格上的缺陷，一种失去平衡的行为状态。自卑使人变得十分敏感，经不起任何刺激。一个人如果被自卑心理所笼罩，其身心发展及交往能力将受到严重的束缚，聪明才智也得不到正常的发挥。这对于个人的成长是十分不利的。

心理学家指出，自卑心理的产生是源于对自己的一种不自信，也就是拥有一种不平衡的心理状态。这种心理状态会使自己对自己产生一种全面的否定，常把自己放在一个低人一等、不被自己喜欢的位置，脑子里盘旋的总是"我不行""这件事我肯定要办砸了""我肯定不如别人"等消极想法。

其实，仔细思忖，你会发现自卑实际上是一种徒然的自我折磨，所有的自卑感都是自己施加给自己的，一味沉溺于自卑之中，既不会给人鼓励，也不会给人力量，反而只会摧老人的身心、盗走人的骨气。无数事实表明，只有消除自卑，才能自信从容，才能到达人生的巅峰。

1985年，他从内蒙古的一个小城考进了北京的一所大学。上学的第一天，与他邻桌的女同学第一句话就问他，"你从哪里来？"而这个问题正是他最忌讳的，因为在他的逻辑里，出生于小城，就意味着小家子气，没见过世面，肯定会被那些来自大城市的同学瞧不起。

就因为这个女同学的问话，使他一个学期都不敢和同班的女同学说话，以致一个学期结束，很多同班的女同学都不认识他！

很长一段时间，自卑的阴影都占据着他的心灵。最明显的体现就是，每次照相，他都要下意识地戴上大墨镜，以掩饰自己内心的恐慌。

36年前，她也在北京的一所大学里上学。

大部分日子，她也都在疑心、自卑中度过。她的一张18岁时候的照片，看起来像个三四十岁的妇女。她疑心同学们会在暗地里嘲笑她，嫌她肥胖的样子太难看。

她不敢穿裙子，不敢上体育课。大学结束的时候，她差点儿毕不了业，不是因为功课太差，而是因为她不敢参加体育长跑测试！老师说，"只要你跑了，不管多慢，都算你及格。"可她就是不跑。她想跟老师解释，她不是在抗拒，而是因为恐惧，恐惧自己肥胖的身体跑起步来一定非常非常的蠢笨，一定会遭到同学们的嘲笑。可是，她连向老师解释的勇气也没有，茫然不知所措，只是傻乎乎地跟着老师走。老师回家做饭去了，她也跟着。最后老师烦了，勉强算她及格。在一个电视晚会上，她对他说，"要是那时候我们是同学，可能是永远不会说话的一对。你会认为，人家是北京城里的姑娘，怎么会瞧得起我呢？而我则会想，人家长得那么帅，怎么会瞧得上我呢。"

他，现在是中央电视台著名节目主持人，经常对着全国几亿电视观众侃侃而谈，他主持节目给人印象最深的特点就是从容自信。他的名字叫白岩松；她，现在也是中央电视台著名节目主持人，完全是依靠才气而丝毫没有凭借外貌走上中央电视台主持人的位置。她的名字叫张越。

上面这个事例告诉我们，只有战胜自卑，树立自信，才能活成你想要的模样。自卑就像我们心中的阴云，只有拨开它，我们才能享受到灿烂的阳光，拥有人生的快乐。

其实，任何一个人都会有被自卑的情绪笼罩的时候，孩子也不例外。一旦孩子的自卑心理得不到及时纠正和关注，就会形成孩子的心理障碍，影响孩子的健康成长。因此，父母应关注自己的孩子有没有自卑心理，一旦发现，须尽早帮助其克服和纠正，以免形成自卑性格。

那么，如何有效帮助孩子摆脱自卑的心理，树立自尊和自信呢？专家提出几个简单易行又行之有效的办法。

1.给孩子更多积极的评价

嘲笑与指责不但不会使孩子改正缺点，获得进步，反而会使孩子产生一种心理上的恐惧感，从而否定自己，并产生自卑感，严重的还会意志消沉、精神萎靡，所以说，家长们不要奢求孩子能完美地做好每一件事，而应该首先鼓励孩子去做，然后努力发现孩子在做这件事的过程中值得肯定的方面并进行及时的表扬，从而慢慢增强孩子的自信心。要让孩子懂得做该做的事，并努力把它做好，这本身就是成功，也是对自己最好的肯定。

2.让孩子看到自己的优点

俗话说：尺有所短，寸有所长。每个孩子都有一定的长处，也都有他的短处。父母要引导和教育孩子对自己进行积极、正确、客观的评价，并且认识到任何人都具有自己的长处，也都会有短处或不足。要相信并发扬自己的长处，弥补自己的短处。在生活当中，父母要注意并善于发现孩子的优点和点滴的进步，并不失时机地给予肯定和表扬。孩子认为自己有优点，也能取得一定的成绩，便会增强取得更大更好成绩的信心和希望。

3.引导孩子正确地面对失败

有自卑感的孩子，一般都特别害怕失败。作为家长，要引导孩子正确面对失败，告诉孩子，每个人都有长处和不足之处，每个人都会经历失败。失败并不可怕，重要的是保持一颗积极向上的心。家长也可以把自己失败的例子讲给孩子听，以减轻孩子对失败的关注。

4.让孩子多体验成功

孩子的自信多来自于成功的体验，每取得一次成功，孩子就会多一分自信，少一分自卑。因此，父母要关注孩子的进步，哪怕一点儿进步也要及时鼓励孩子，让孩子增强自信心。

信任孩子，孩子才会做得更好

信任是指对他人人品、能力等的信赖，它以了解为基础和保障，是一种积极的真挚的情感体验。心理学家认为：追求他人的信任是每个正常人的普遍心理，是一种积极的态度，也是一个人奋发向上、实现自我价值的动力。对孩子来说，家长的信任能唤起子女的自尊、自爱和自信，激发他们不断上进。在家庭中，家长对孩子的信任意味着理解、爱护、重视和鼓励，对孩子良好心理品质的形成具有积极的鼓励作用。

每个孩子，在其幼小的心灵中，都渴求大人的信任，做家长的一句信任的话、一个信任的手势、一个信任的目光，都能给孩子无穷的力量。

有这样一个学生，他很聪明，但太调皮了，逃学、打架、不及格是家常便饭。因此，都高二了，还挨他爸爸打。父母对他的表现很失望。

期末考试前夕，他趁中午休息时，偷偷跑到学校，手里拿着他那根长长的细竹竿，竿儿头上弄些面筋，可以去粘个小虫子、蝴蝶或知了之类的昆虫的。但是，这次他要粘卷子。他早已观察好，那卷子就放在老师的办公桌上。没有人注意他，他终于瞅准机会，把卷子粘了起来，一份语文、一份数学。

凭借"小手段"，那次考试，他语文考了80分，数学考了85分，两门课在班里都排第三。当时同学们都怀疑他成绩的真实性。但班主任老师选择了信任他，并在班上表扬了他，说他脑子聪明，今后只要刻苦用功，就一定会有更好的成绩，也一定能考上名牌大学，还要全班同学为他鼓掌加油。

掌声响起的时候，那个孩子趴在桌子上大声地哭了。这是他升入高中以来第一次得到老师这么高的评价。

为了证明期末考试是他真实的成绩，为了对得起班主任的信任，他开始发奋努力，天天都学到深夜，就像换了一个人一样。不久他的成绩就真的跃到了全班第一，到考大学时他考上了矿业大学。

毕业后他到母校开座谈会时亲口对师生们说出这件事的真相，感谢老师在那样的情况下信任他。他说一生都感谢老师对他的信任。其实，老师早就知道了真相，但老师看到了他内心向上的渴望，所以给他以信任，信任他不会第二次犯同样的错误，信任他从此能改变自己，最终信任创造了奇迹。

信任是孩子的助长剂。父母在教育孩子的过程中，给予孩子信任是很重要的。对孩子的善良的天性和做事的能力充满信任，才能让孩子朝着父母期望的方向发展。孩子有了父母对他的信任，做起事情来会更有责任感和使命感，为了对得起父母的信任，他们会更加地努力。

父母的信任是对孩子最好的肯定，是孩子成长最重要的支持力量。一个孩子只有在父母的信任中才能有较高的自我价值感，才能拥有自信心。

1996年，美国有一位身无分文的青年，他特别看好电子商务，并下决心在这个领域发展自己。那么资金的问题如何解决呢？他首先想到了父母，当时他父母有30万美元的养老金。当他向父母说明了他的用意后，他的父母只商量了一会儿，就把钱交给了儿子，并说道："我们对互联网不了解，更不知道什么是电子商务，但我们了解、相信你——我们的儿子！"这位青年就是当今个人财富达105亿美元、大名鼎鼎的亚马逊书店的首席执行官——贝索斯。

不能说贝索斯的成功完全归功于他的父母，但他父母所起到的作用确实非常重要。除了先期的资金支持外，更为重要的是他们对贝索斯的信任给贝索斯带来了无穷的精神力量。

信任是家庭教育获得成功的重要因素。心理学家经过调查分析指出：渴望获得他人的信任，并为之努力的状态是积极进取的表现。在获得信任的过程中，孩子的心理素质、办事能力都将得到很大锻炼，对孩子的很多方面都将产生积极影响。在生活中不断地给予孩子信任，其实也是在给孩子鼓励的方法，让孩子在父母的信任中成长，以获得更好的发展。

孩子的成长，离不开父母的信任。信任使孩子对前景充满了信心，是前进的原动力。事实证明，信任和欣赏孩子是最成功的教育方式之一，更是最基本的教育原则，而这一教育原则与方式适合每一个人。

1.相信孩子的能力

生活中，许多孩子对父母的依赖性很强，他们缺乏独自处理问题的能力，这不是因为他们不敢去做，而是因为他们不相信自己能够做好。孩子并非天生就是不自信的，究其原因是因为父母的不信任。所以，凡是孩子力所能及的事情，家长都应该放手让孩子去做。要知道，家长包办得越多，孩子动手的机会就越少，能力就越弱。只有我们充分信任孩子，孩子才可以真正地做自己的主人。

2.相信孩子的潜能

信任孩子，就是要相信孩子潜能无限，有无限的理解力，有无限的想象力，有无限的创造力；相信孩子是个天才，能成才；相信孩子有一颗向上、向善的心。即使在孩子遭遇挫折，遭遇失败，犯严重错误时，不管别人怎样看，作为父母这种信念一刻也不能动摇。孩子得到家长的信任，就会感到自己的能力和价值得到了信任，就能激发他更多的自信心和创造力。

发现孩子的闪光点，让孩子在肯定中长大

法国雕塑家罗丹有句名言："生活中不是没有美，而是缺少发现美的眼睛。"作为家长也要有一双善于发现美的眼睛，及时发现孩子身上的"美"。

美国成功教育学家拿破仑·希尔曾经说过："每个孩子都有许多优点，而父母恰恰相反，他们总是盯着孩子的缺点，认为，管好孩子的缺点，才能让孩子更好地成长。其实，这样做就像蹩脚的工匠，是不可能造出完美瓷器的。"的确，在现实生活中，很多家长总是惯于寻找、放大孩子的缺点，惯于拿自己孩子的缺点同其他孩子的优点相比较，这就无意中伤害了孩子的自尊心和自信心，影响孩子的健康成长。

真正高明的家长，应该以欣赏的眼光看待孩子，赏识孩子身上哪怕只是一个小小的优点。赏识和激励，将促使孩子在快乐中改变，在快乐中进步。

任何一个孩子，哪怕他是被认为最顽劣的孩子，都有其闪光点，只是人们没有发现罢了。如果每位家长都能用"放大镜"去寻找孩子身上的每一处哪怕十分微不足道的闪光点，用真爱去打动他们、感化他们，让他们认识到问题的根源，增强信心和勇气，发自内心地感到"我能行"，奋起直追，最终他们也会成为学习和生活的强者。

美国成功教育学家拿破仑·希尔小时候是个淘气的孩子，他的父亲在向继母介绍他时说："这就是拿破仑，是希尔兄弟中最坏的一个。"但是，拿破仑的继母却温柔地说："这是最坏的孩子吗？完全不是。他恰好是这些孩子中最伶俐的一个。而我们所要做的一切，无非是把他所具有的伶俐品质发挥出来。"

后来，拿破仑·希尔在他的著作《人人都能成功》一书中写道："我的继母造就了我。因为她深厚的爱和不可动摇的信心激励着我努力成为她相信我能成为的那种孩子。"

"金无足赤，人无完人"，更何况孩子呢？每个孩子都有优点和缺点。父母要正确对待每个孩子，用赏识性的眼光，挖掘孩子身上的闪光点，并且将它扩大化，真诚地吐露出赞美之词，让孩子从中获得愉悦和信心，从而督促他扬长避短，有更大的进步。

有一句话说得好："好父母能发现孩子身上的优点，告诉他应该怎么做；坏父母总是发现孩子身上的缺点，告诉他不应该怎么做。"其实，每个孩子都有各自不同的闪光点，父母要善于发现他们身上的闪光点，并不失时机地进行表扬鼓励、启发引导。

通用前首席执行官杰克·韦尔奇被誉为全球第一CEO。可以说，没有母亲的培养，就没有韦尔奇的今天。母亲从来不把韦尔奇的缺点与其他的孩子相比，相反，她会把韦尔奇的优点与其他孩子相比，从而让韦尔奇产生巨大的成就感和自信心。

小时候，韦尔奇患有很严重的口吃，而且似乎根除不掉，这个毛病让他常常成为被取笑的对象，为此，他曾经很自卑。但母亲却对韦尔奇说："这是因为你太聪明了。没有任何一个人的舌头可以跟得上你这样聪明的大脑。"

从此，韦尔奇就相信自己的确是一个非常聪明的人，并且努力训练自己的语言能力，他不仅纠正了口吃，而且拥有强大的自信心。韦尔奇的母亲是伟大的，并且这个伟大的母亲，最终造就了一个伟大的儿子。杰克·韦尔奇曾经说："如果说我拥有任何领导者的风范，可以让大家发挥长处，我觉得这都应该归功于母亲。"

"每个孩子在父母的眼里都是无与伦比的"，打孩子出生的第一天起，父母就要用发自内心的赏识，来陪伴着孩子每一天的成长，每时每刻都在寻找、发现孩子的优点并欣赏孩子的优点，以激励和表扬的手段，来调动孩子的各种主观能动性，来唤醒孩子内心的上进意识。对孩子的关爱贯穿于孩子成长的每一步，努力培养他成为一个自信的孩子，这种自信将陪伴孩子终生。

我国著名教育家卢勤说："成人赏识的眼光，能使孩子创造奇迹。"赏识可以发现孩子的优点和长处，激发孩子的内在动力，帮助孩子扬长避短，克服自卑、怯懦心理，树立自信心。作为家长，要相信自己的孩子。当孩子在某一方面有进步时，千万不要吝惜自己的夸奖和赞美，当孩子遭遇失败或孩子行为有过失时，不能对孩子全盘否定，要善于发现其中的闪光点。

刘鑫是个文静的小女孩，平时她总是很乖、很听话，但是她不自信，做事情总怕做不好。妈妈看她有些自卑，缺乏自信心，心里很着急。妈妈知道要想让刘鑫变得更加自信就应该多夸奖她，可是不知该如何夸奖她。

后来，刘鑫的妈妈听了教子方面的讲座，改变了自己的做法，刘鑫果然进步了不少。

妈妈没有将眼光只盯着刘鑫的学习成绩，而是从刘鑫的性格、劳动表现、交往情况、文体才能、兴趣爱好等各方面来看。妈妈发现刘鑫性格有些内向，平时不喜欢和别的同学玩，不过刘鑫劳动很积极，从不叫苦叫累，而且她兴趣比较广泛，热爱体育。

所以妈妈会对刘鑫说："我家鑫鑫热爱劳动，是妈妈的好帮手，同学们一定很喜欢你的。不如周末邀请同学来家里玩吧。"刘鑫看到了妈妈肯定的眼神，于是就在妈妈的鼓励下邀请同学们来家里玩。妈妈发现刘鑫渐渐喜欢和别的同学在一起玩了，还交了不少朋友。回到家里，刘鑫的笑声也多了起来。

其实，每个孩子身上都有优点，当父母为孩子的缺点烦恼时，不妨静下心来，从头到尾，认真回味一下孩子身上至少不会令你烦恼的地方，你总会发现孩子身上的可爱之处。或许，孩子的一个小动作，或许一个微笑，都可能打动你的心。我们不能只是盯着孩子学习成绩一个方面。孩子的性格，孩子的文明礼貌，孩子的文体才能，孩子的动手能力，孩子的卫生习惯，等等，当然还有孩子的学习，都是评价孩子的因素。父母考虑的面宽了，就不难找到值得表扬的内容。即使对学习本身也应全面地去分析，不能只看分数。学习认真程度，预习复习情况，各门功课情况，写字是否工整，卷面是否干净，会不会使用工具书，愿不愿向老师请教，有没有自己检查作业的习惯，等等，认真思考一下，也会找出优点。总之，父母不可对孩子"只攻其一点，不及其余"。

教育专家卢勤说："我有一双爱的眼睛，5分钟之内就能发现孩子跟别人不同的地方，发现他身上的闪光点，发现他的长处。这是我的习惯。我始终认为所有的孩子都是好孩子，他们身上有很多'棒'的地方，只是有的没被别人发现，如果能被发现，他们的表现比谁都不差。"的确，人都是有优点的，只要父母愿意以一双爱的眼睛去欣赏孩子，每一个孩子都是值得父母骄傲的。

让孩子坦然接受自己的缺点和不足

每个人都不可能是十全十美的，都会有缺陷，不要因为这些缺陷而恼恨，重要的是看你怎么去面对，怎么样和自己的弱点好好相处，用一种什么样的心情和心态来面对它。

有一位成功人士曾说："别在乎别人对你的评价，否则，这会成为你的包袱，我从不害怕自己得不到别人的喝彩，因为我会记得随时为自己鼓掌。"人们要学会接受自己的不完美，接受之后要学会坦然面对，这种坦然的精神并不是每个人都有的，它表现的是一种对生活的豁然与自信。此时的缺陷不再是一种需要去刻意掩盖或自卑的东西；也不再是失败的借口或者自我安慰的谎言；而是在生活中为自己争取其他优势的资本，是成功道路中必然经历的过程。

有这样一个孩子，他相貌丑陋，说话口吃，而且因为疾病导致左脸局部麻痹、嘴角畸形、一只耳朵失聪，他的母亲为此陷入深深的痛苦之中："一个来到世界上没几年的孩子，就要忍受不幸命运的折磨，他以后怎么生活啊？"但她除了对孩子倍加爱护之外，还能做些什么呢？然而，也许这个孩子注定是个生活的强者，他比一般的孩子更快地走向成熟，他默默地忍受着别的孩子嘲笑、讥讽的话语和目光，他自卑，但更有奋发图强的意志，当别的孩子在玩具中打发时间时，他则沉浸在书本中，在他读的书中有很大一部分是成人读物，他却读得津津有味，因为他从中学到了坚强，学到了一种永不放弃的品质。为了矫正自己的口吃，他模仿古代一位有名的演说家，嘴里含着小石子讲话。看着嘴唇和舌头都被石子磨烂的儿子，母亲心疼地流着眼泪说："不要练了，妈妈一辈子陪着你。"懂事的他替妈妈擦着眼泪说："妈妈，书上说，每一只漂亮的蝴蝶，都是自己冲破束缚它的茧之后才变成的，如果别人把茧剪开一道口，由茧变成的蝴蝶是不美丽的，我要做一只美丽的蝴蝶。"

后来，他能流利地讲话了。因为他的勤奋和善良，中学毕业时，他不仅取得了优异的成绩，还获得了良好的人缘，他周围的人，没有谁会嘲笑他，有的只是对他的敬佩和尊重。这时，他母亲为他找到了一份不错的工作，她希望自己的儿子尽量顺利些。但他同样对母亲说："妈妈，我要做一只美丽的蝴蝶。"

1993年10月，博学多才、颇有建树的他参加总理竞选，他的对手居心叵测地利用电视广告夸张他的脸部缺陷，然后写上这样的广告词："你要这样的人来当你的总理吗？"但是，这种极不道德的、带有人格侮辱的攻击招致了大部分选民的愤怒和谴责。当他的成长经历被人们知道后，他赢得了极大的同情和尊敬，他说的"我要带领国家和人民成为一只美丽的蝴蝶"的竞选口号，使他高票当选总理，并在1997年的竞选中再次获胜，连任总理，人们亲切地称他为"蝴蝶总理"，他，就是加拿大第一位连任两届、跨世纪的总理让·克雷蒂安。

　　德国哲学家尼采认为，优秀杰出的人"不仅能忍人所不能忍，并且乐于进行这种挑战"。一些社会学家曾对许多身体有缺陷的成功者进行分析，最后得出结论：这些成功者，正是因为某种缺陷激发了他们的潜能。美国心理学家威廉·詹姆士曾说："我们最大的弱点，也许会给我们提供一种出乎意料的助力。"这也就是说，缺陷不仅不是障碍，还有可能成为激发事业成功的动力。

　　有一句格言说："不是因为遭遇了挫折，我们才迷失自我；而是因为我们迷失了自我，才会有那么多的失败。"有的人遇到一点儿困难就悲观失望，受到一点儿挫折就灰心丧气，而如果与别人相比，自己身体上有某种缺陷，则更是绝望不已，破罐子破摔，总认为自己比别人差了一大截，不可能有什么成就了，只能坐以待毙了。其实，无论是弱点也好，缺陷也好，都不是成功的障碍，只是缺乏自信者的借口而已。

　　人并不是完美的，有很多人天生就有着各种各样的缺陷，或者说不利于自身发展的因素。但是，这并不意味着你终生都是个失败者。如果你能够坦然地、微笑着面对自己生命中的一些缺憾和不足，愉悦地接纳自己，运用积极的思维扬长避短，充分发挥自己的潜力，同样会带来"柳暗花明又一村"的美景。

　　美国前总统罗斯福是个有缺陷的人。他小时候是一个脆弱胆小的学生，在课堂里总显露出一种惊惧的表情。他有哮喘病，呼吸就好像喘大气一样。如果被叫起来背诵课文，他会立即双腿发抖，嘴唇也颤动不已，开起口来含含糊糊、吞吞吐吐，然后颓然地坐下来。由于牙齿有点外落，加上难堪，他一脸灰色。

　　像他这样一个小孩，自我的感觉一定很敏感，常常容易拒绝参加同学间的任何活动，不喜欢交朋友。他是一个自卑心理很重的人！然而，罗斯福的父母却通过鼓励和其他一些积极的教育方法，使罗斯福树立起了很强的奋斗精神——一种任何人都可具备的奋斗精神。

　　他爸爸对他说："罗斯福，你有着别人所没有的特点，你将成为一个伟大的人！所以，你没有必要为别人的嘲笑而减低勇气。你要用坚强的意志去努力奋斗。你一定会成功的。"从此以后，罗斯福开始坚信自己是勇敢、强壮或好看的。他用行动和坚信自己可以克服先天的障碍而得到成功。

罗斯福从此不再在缺陷面前退缩和消沉，而是充分、全面地认识自己，在顽强之中抗争。而且他不因缺憾而气馁，而是将它作为动力，将它变为资本、变为扶梯，使自己登上了成功的巅峰。他当了受人尊敬的总统，在晚年，已经很少有人知道他曾是有严重缺陷的人了。

墨子说过："甘瓜苦蒂，天下物无全美。"世界永远存在缺陷，我们的个人也就难免会有缺陷。缺陷人人会有，而关键在于我们如何去对待它。我们只有接受缺陷才能够看到更完美的人生，我们要学会欣赏自己的不完美，学会利用缺陷，将它转化为成功的有利条件。正视缺陷，它将激发出我们更大的创造力和激情。

其实，每个人都有自己的优势，不必要求自己的生命呈现完美。你的孩子学习成绩一般，那么他可能在体育、绘画或音乐方面才华出众；假使你的孩子不太聪明，那么他可能拥有灵巧的双手或是非常好的想象力。上帝对待每个人都是公平的，关键是你如何去发现孩子的美丽。俗话说：金无足赤，人无完人。让孩子学会接纳自己的不完美，相信孩子会更加自信地对待生活。

"世界上并不缺少美，只是缺少发现美的眼睛"，这句话在家庭教育中也特别适用。尺有所短、寸有所长，每个孩子都有自己的长处和缺点。在孩子成长的道路上，父母要有一双"慧眼"，善于发现孩子的优点，不吝啬赞赏与鼓励，更要做智慧的家长，积极引导孩子学会肯定自己、欣赏自己，增强自信、体验快乐。

1.引导孩子正确评价自己

俗话说：尺有所短，寸有所长。每个孩子都有一定的长处，也都有他的短处。父母要引导和教育孩子对自己进行积极、正确、客观的评价，并且认识到任何人都具有自己的长处，也都会有短处或不足。要相信并发扬自己的长处，

弥补自己的短处。在生活当中，父母还要注意并善于发现孩子的优点和点滴的
进步，并不失时机地给予肯定和表扬。孩子认为自己有优点，也能取得一定的
成绩，便会增强取得更大更好成绩的信心和希望了。

2.善于发现孩子的闪光点

父母的评价对孩子产生自信心理至关重要。尊重和爱是孩子的基本心理
需要，若要由衷地欣赏、赞美孩子，需要家长学会从多个角度发现孩子的闪光
点，用发自内心的喜悦感染、打动孩子，使其保持健康积极的心理状态。

3.引导孩子发挥自己的特长

每个孩子都有各自的优缺点，父母应该让孩子明白长处是什么，短处又
是什么。然后帮助孩子分析他的长处和短处，针对孩子的长处进行培养，针对
孩子的短处进行弥补。让孩子在扬长避短的过程中不断发掘优势，不断弥补缺
陷，只有这样才能把孩子培养成自信的全能型人才。

第三章
磨炼孩子的意志力,
让孩子更具领导力

没有经历过挫折的孩子永远长不大

挫折是普遍存在的一种社会现象，任何人的一生都不可能一帆风顺，谁都会遇到挫折和失败，同样，在孩子的成长过程中，也难免会遇到失败。让孩子从小就有面对失败的勇气，长大以后，面对各种各样的困难和挫折，他才不会手足无措，才能够从容应对。

彭飞是一名初二的学生。他的成长道路可谓一帆风顺，偶尔遇到一点小困难，妈妈也会主动帮他化解。

有一天，妈妈发现彭飞情绪很低落，就问他怎么了，但他怎么都不肯说。后来，妈妈打电话问班主任才知道：彭飞这次期中考试有两科没考好，成绩不理想。

彭飞一向成绩优异，妈妈也感到很意外，但还是决定和彭飞好好谈谈，让他放下包袱。

"彭飞，一次没考好算得了什么，你别太放在心上，影响了以后的学习就得不偿失了？"

听着妈妈的劝慰，彭飞只是低着头，默不作声。

妈妈继续安慰道："你学习成绩一直很不错，偶尔一次失利也说明不了问题。再说，一个人哪有从不失手的，总要有面对失败的时候。你是个男孩子，应该经得起一次小小的挫折。"

彭飞还是不说话。

妈妈有些火了："你到底在想什么？一次考试至于吗？这么大一个男

孩子，你怎么就拿得起放不下呢！"

　　一直沉默着的彭飞这时突然爆发了："拿得起放得下，说得倒轻巧！大道理谁不懂！你以为说放下就能放下……"

　　妈妈愣住了，哑口无言。看着怒气冲冲的彭飞，妈妈不由心生惭愧："让一个从未体验过挫折的孩子突然间去面对失利，他需要的不是道理，而是实实在在的对抗挫折的能力，可我，曾经培养过他的这种能力吗？"

　　显然，上例中的孩子缺乏承受挫折的能力，其父母也没有对孩子进行过挫折教育。所以在日常生活中，父母一定要注意培养孩子承受挫折的能力。因为过度呵护与保护孩子，会使他们没有机会经历挫折与磨炼，对其成长是极其不利的。

　　抵抗挫折是孩子的必修课，没有经历过挫折的孩子长大后将因不适应激烈的竞争和复杂多变的社会而倍感痛苦。美国的一位儿童心理学专家说："有十分幸福童年的人常有不幸的成年。"因此，帮助孩子学会克服困难，正确面对失败和挫折就显得十分迫切和重要。

　　有一对农村夫妻四十岁得子，因而宠爱有加。在蜜罐中成长的儿子养成了一意孤行的脾性，做事毛毛糙糙，就连走路也走不好，时常跌进水田里。这很是让望子成龙的父母焦心。

　　儿子7岁那年上了小学。顽皮的他走路喜欢东张西望，不是弄湿了鞋子，就是弄脏了裤子，哭鼻子成了家常便饭。

　　一天，孩子的父亲带上一把铁锹在儿子上学必经的田埂上断断续续地挖了十几道缺口，然后用棍棒搭成一座座小桥，只有小心走上去才能通过。那天放学，儿子走在田埂上，看到面前一下子多出了这么多的小桥，很是诧异。是走过去，还是停下来哭泣？四顾无人，哭也没有观众啊！最终他选择了走过去。当背着书包的他晃晃悠悠地通过小桥时，惊出一身冷汗。他第一次没有哭鼻子。

吃饭的时候，儿子跟父亲讲了今天走过一座座小桥的经历，脸上满是神气。父亲坐在一旁不断地夸他勇敢。

妻子对丈夫的举措有些不解，丈夫解释道："平坦的道上，他左顾右盼，当然走不好路；坎坷的路途，他的双眼必须紧盯着路，所以才能走得平稳。"

故事中的儿子就是如今赫赫有名的"经营之神"松下幸之助。他的父亲松下三郎在他9岁那年因病去世。临终前，松下三郎一再叮嘱松下幸之助的母亲："在孩子成长的路上，一定要设置一些他能独自跨越的障碍，如果你一味地给他提供顺境，等长大后，一旦遭遇挫折，他必然会经受不住打击，而发生种种令人意想不到的后果。"

这就是挫折教育的力量。适度的挫折对孩子来说是一种挑战和考验，可以帮孩子驱走惰性，促其奋进。

法国著名教育家卢梭曾在《爱弥儿》中这样写道："人们只想到怎样保护他们的孩子，这是不够的。应该教他成人后怎样保护自己，教他怎样忍受得住命运的打击，教他不要过于在意豪华和贫困，教他在冰岛的冰天雪地或者马耳他岛的灼热岩石上也能够生活。你劳心费力地想使他不致死去，那是枉然，他终究是要死的……所以问题不在于防他死去，而在于教他如何生活。"没错，既然挫折是孩子生活中不可缺少的"必修课"，我们为什么不抓住这个教育机会，让他在挫折中吸取教训，然后武装自己以迎接未知的挑战呢？培养孩子的抗挫折能力，塑造坚强的意志品质，孩子的一生会更精彩。

1.帮助孩子树立正确的挫折意识

每个人都会遇到不同的挫折，父母要让孩子知道挫折是不可避免的，要坦然面对，遇到了困难要积极地想办法解决，失败了也要吸取教训重新站起来，只有这样才能不断地走向成功。同时，父母还要告诉孩子，遇到挫折时不能怨天尤人，也不要陷入消极的情绪里无法自拔，这样不仅解决不了任何问题，反而还会导致自己遇到更多的困难、挫折。孩子有了正确的挫折意识，才能对挫折保持一个正确的态度，才会鼓起勇气克服困难。

2.给孩子创设受挫机会

每一个孩子都具备独立抗击生活暴风雨的能力，关键在于父母是否给他创造了合适的机会。德国著名教育专家舒马赫曾说："给孩子多多提供尝试机会也是实施挫折教育的有机组成部分。孩子一旦被剥夺了尝试的机会，也就等于被剥夺了犯错误和改正错误的机会，因此也就不可能迈向成功之路。"为了增强孩子的耐挫力，父母们不妨有意识地给孩子创造一些适度的挫折情境，挫折教育对增强孩子心理承受能力大有好处。

无所畏惧，做一个勇敢的孩子

勇敢是人的重要性格品质之一，纵观古今中外有成就的人，无一不具备勇敢的品质。16世纪法国的著名作家蒙田说："在全部的美德之中，最强大、最慷慨、最自豪的，是真正的勇敢。"德国伟大作家和诗人歌德说："你若失去了财产，你只失去了一点；你若失去了荣誉，你就失去了许多；你若失掉了勇敢，你就会失去一切。"可以说，勇敢是强者的首要品质。父母应该在孩子小的时候就把勇敢这件有力的武器交给孩子，让他们在人生道路上一步步成为强者，最终实现自己的人生价值。

19世纪，在英国的一所国际名校——哈罗学校，常常会出现以强凌弱、以大欺小的事情。

有一天，一个强悍的高个子男生，拦在一个新生的面前，颐指气使地命令他替自己做事，新生初来乍到，不明白其中"原委"，断然拒绝。高个子恼羞成怒，一把揪住新生的领子，劈头盖脑地打起来，嘴里还骂骂咧咧："你这小子，为了让你聪明点，我得好好开导你！"新生痛得龇牙咧嘴，却并不肯乞怜告饶。

旁观的学生或者冷眼相看，或者起哄嬉笑，或者一走了之。只有一个外表文弱的男生，看着这欺凌的一幕，眼里渐渐涌出了泪水，终于忍不住嚷起来："你到底还要打他几下才肯罢休！"

高个子朝那个又尖又细的抗议的声音望去，一看也是个瘦弱的新生，就恶狠狠地骂道："你这个不知天高地厚的家伙，问这个干吗？"

那个新生用含泪的眼睛盯着他，毫不畏惧地回答："不管你还要打几下，让我替他忍受一半的拳头吧。"

高个子看着他的眼泪，听到这出人意料的回答，不禁羞愧地停住了手。

从这以后，学校里反抗恶行暴力的声音开始响亮，帮助弱者的善举也逐渐增多，两个新生也成为了莫逆之交。那位被殴打的少年，深感爱与善的可贵，后来成为英国颇负盛名的大政治家罗伯特·比尔；挺身而出，愿为陌生弱者分担痛苦的，则是扬名全世界的大诗人拜伦。

或许这只是一次勇敢的挺身而出，但足以影响拜伦的一生。要不是他年幼时的勇敢，也不会造就他后来的成就。

当今社会处处充满了竞争，充满了风险，如果一个人想很好地立足于社会，必须具备不怕困难、不怕挫折、不怕失败的勇敢精神。所以家长应意识到，勇敢的品质对孩子的成长非常重要，要在教育中培养孩子勇敢的品质。

一天，一位年轻的妈妈抱着孩子去公园散步。公园比较大，需要走过十几个台阶，才能从大门到园内。小男孩看到台阶以后，想要挣脱妈妈的怀抱，自己爬上去。妈妈见此就将孩子轻轻放在台阶上，看着小男孩向上攀爬。

男孩用胖胖的小手扒住台阶，小腿一次次抬起，又一次次落回原地。显然，他太小了，以他的力气爬台阶，应该算得上是一项"超负荷"活动了。试验了几次以后，小男孩无奈地回头望，向妈妈求援，但妈妈并没有抱他上去的意思。于是，他转过头去，又依靠自己小小的力量继续尝试爬，终于，经过一番努力后，小男孩爬上了两层台阶。但他发现，上面还有好多台阶，全部要靠自己爬上去那是不可能的，这两层都已经把他给累坏了。于是，他再次回头向妈妈看去，可是妈妈依然没有抱他的意思，只是站在那里，充满慈爱和鼓励地对着他微笑。小男孩向上望了很久，终于放弃求助妈妈的念头，决定依靠自己的力量爬上去。

这名小男孩显示出了"小男子汉"的本色，他手脚并用，努力地向上爬去，一层、两层、三层……他的屁股高高翘起，脸蛋涨得通红，手上、衣服上沾满了灰土，终于，他用自己小小的身体征服了那十几层台阶。这时，那位年轻妈妈才欣喜地跑上前去，为儿子拍净身上的尘土，并为他擦擦汗珠，在他通红的小脸上满含爱意地亲了一口。

这个小男孩就是日后成为伟大的美国第16任总统的亚伯拉罕·林肯，这位年轻的妈妈就是他的母亲——南希·汉克斯。

林肯是举世闻名的勇敢者，领导了改变美国命运的"废除黑奴运动"。他出生于一个极度贫寒的农民家庭，他接受的正规教育不足一年，但是他伟大的母亲用一种独特的、朴素的方法培养出他勇敢、坚定的品质。遗憾的是，母亲在他9岁那年便因病与世长辞了。

但妈妈赋予的勇敢早已在林肯的灵魂中扎下了根。他勇于探索、不畏艰难，狂热地学习着各种文化知识，他用木炭、小木棍练字；跑几十公里去借书；他失过业，做过工人……但这一切困难都没有打倒他，他坚定地朝着自己的梦想奔跑。最后，他成为一位举世瞩目的强者，被国际社会一致誉为"伟大的解放者"。

孩子作为未来世界的主人，需要具有勇者的气质，敢于面对一切强手，具有无所畏惧、不屈不挠的心理素质和竞技状态。因此，要想让孩子在学习、生活中获得成功，就应该从小培养孩子勇敢的品质。

孩子的勇敢不是天生就有的，这离不开父母的培养。生活中，只有大胆放手让孩子去做事，让孩子在生活中接受锻炼，才会使孩子变得勇敢，变得坚强，成为一个富有勇敢精神的人。

1.给孩子独立面对困难的机会

生活中，家长不要对孩子过分呵护，要给孩子独立面对困难的机会，鼓励孩子自己去面对困难，使他们感到自己有能力、有办法应付遇到的问题和困难，从而克服对家长的依赖心理，锻炼独立性和自信心。比如，孩子不小心摔倒了，如果情况并不严重，家长就应鼓励孩子自己站起来；等孩子站起来后，再通过及时的夸奖来强化这种行为。这样，当孩子下次再摔倒时，就会勇敢地自己站起来了。

2.鼓励孩子去玩带有冒险成分的游戏

冒险能够锻炼孩子的勇气，在有安全保障的前提下，父母应该鼓励孩子玩一些带有冒险成分的游戏，如荡秋千、滑板、游泳、骑自行车等；如果条件允许，还可以尝试坐过山车、登山、跳水等。当然，父母一定要事先给孩子讲明活动的危险性和需要注意的事项，让孩子做好充分的心理准备；必要时，还要和孩子一起活动，一起冒险。

3.对孩子进行榜样教育

榜样的力量是无穷的，如果家长能勇敢沉着地面对风波，孩子也会沉着勇敢起来。如果大人遇到困难或带有危险的活动就害怕，很容易就可以想象到这样的父母会带出什么样的孩子。生活中，家长应经常给孩子讲些勇敢者的故事和童话，告诉孩子：只有勇敢才会成功，胆小鬼是什么大事也办不成的。

意志坚强的孩子，未来不可限量

成功与失败的差异就在于意志力是否强大。成功者往往是具有强大意志力的人，而失败者却往往意志力薄弱。

意志力是一种强劲的心理力量。意志力薄弱的人，遇到一些困难挫折就想要放弃，因此做什么事情也难做好；意志力顽强的人呢，则会创造奇迹，获得成功。

很多年前，哈佛大学就在研究人的意志力对生命个体的巨大作用，大学资深研究专家罗素·康达博士这样说："古往今来，对于成功秘诀的谈论实在太多了。但其实，成功并没有什么秘诀。成功的声音一直在芸芸众生的耳畔萦绕，只是没有人理会她罢了。而她反复述说的就是一个词——意志力。任何一个人，只要听见了她的声音并且用心去体会，就会获得足够的能量去攀越生命的巅峰。这几年来，我一直在努力致力于一项事业——试图在美国人的思想中植入这样一种观念：只要给予意志力以支配生命的自由，那么我们就会勇往直前。"一个人的成功很大程度是意志的成功，任何人要想做成一件事都需要意志品质的支撑。

小约翰·福布斯·纳什，是所有诺贝尔经济学奖得主中最不幸、却又是不幸中最万幸的人。

纳什年轻时就表现出非凡的数学天赋，20岁就已经在普林斯顿大学攻读博士学位。当时的普林斯顿可谓大师云集，相对论提出者爱因斯坦、博弈论创立者冯·诺依曼、数学大师列夫谢茨、物理学家阿尔伯特·塔克、诺尔曼·斯蒂恩罗德、埃尔夫·福克斯……都在这人杰聚集之地。

此时，纳什开始对非合作均衡博弈论进行独立研究，1950年11月，相关论文一经刊登就轰动整个学术界，彻底改变了人们对竞争和市场的看法，奠定了现代非合作博弈论的基石。不到30岁，纳什就已是闻名世界的顶尖科学家。

不幸的是，正当一代才俊纳什的事业如日中天、即将成为麻省理工学院高级教授时，年仅30岁的他却得了极其严重的精神分裂症——早上，他会拿着一份《纽约时报》走进办公室，视所有人为空气，然后大声说："报纸头版左边的文章里包含有一条来自另一个星球的数字信息。"并自认为只有他才能破解。

在家里，他则不断威胁深爱他的妻子艾丽西亚。严重的病情使他在向学术上最高层次进军的辉煌历程上，发生了巨大改变。

在住院治疗的过程中，所有医生都尽量使用避免伤害他头脑的疗法，整个过程充满了痛苦和辛酸，不但病情在好转和复发之间反反复复，只要稍微停药幻觉立刻就会卷土重来。长期服药治疗后，虽然病情得到了控制，但一些身体机能也因为大量地使用药物而丧失或锐减——不能深入思考，不能正常工作，生活也逐渐不能自理……

纳什因无法接受这样的结局几乎崩溃，在家人的呼唤、医师的开导和他坚强意志的支撑下才终于挺了过来，逐渐从抓狂的状态中走出来。

单单凭借意志力，纳什用了近30年的时间战胜了幻觉，战胜了自己，战胜了这个曾经击毁许多人的挑战，也完成了对数字理论的研究。

20世纪80年代初，纳什的名字和他的研究硕果，开始频频出现在各个学术领域：经济和生物演变方面的论文，科学政治理论和数学上的发现。一如既往的坚持和获得的伟大科研成果，使他于1994年登上诺贝尔经济学奖的宝座。

是什么让小约翰·福布斯·纳什走出他人生中最大的困境，从不幸中获得成功，无疑是他超强的意志力。

在这个世界上，真正创造人生奇迹者乃人的意志力。意志是人的最高领袖，意志是各种命令的发布者，当这些命令被完全执行时，意志的指导作用对世上每个人的价值将无法估量。

威廉姆·汉纳·汤姆逊在其著作《大脑和个性》中说："在人生的旅程中，许多人在出发时，往往装备精良——很高的天赋、良好的教育、较高的社会地位，这些优良的装备本应会使他们前程更加广阔，但不幸的是，他们在人生之旅中逐渐失去了优势，反而掉队了。而那些装备很差的人却后来居上，原因是什么呢？根本的原因就在于意志力的强弱不同。毋庸置疑的是，没有坚强意志力的人，即使拥有一切有利的因素、条件，也会因缺乏意志力而变得一无所有。"

德国心理学家对500名智力超常的儿童进行了追踪调查研究，根据他们的成就大小，把他们分为"有成就组"和"无成就组"进行对比，发现这两组人之间的最大差异在于意志品质方面。那些获得较大成就的人，对自己从事的事业有忘我的献身精神，为了达到奋斗目标，虽经多次挫折仍不动摇。而"无成就组"的人，则意志薄弱，在困难面前畏缩不前，只是消极地等待良机。心理学家们由此得出结论：人们事业成功与否，在很大程度上并不取决于人的智力水平和客观条件，而取决于是否有坚强的意志。

坚强的意志是最为伟大、最为崇高的品格之一。爱迪生曾经说过：伟大人物最明显的标志就是他坚强的意志，不管环境变换到何种地步，他的初衷与希望仍不会有任何改变，而终于克服障碍以达到所期望的目的。

遗憾的是，现在的大部分孩子都缺乏意志力，他们生活在父母的溺爱与包办下，缺乏自我解决问题的能力、坚持不懈的毅力及抵抗挫折的耐力，这样的孩子在以后的生活中会遇到各种各样的麻烦，明智的父母应该从小就培养孩子坚强的意志力，给孩子的成长上一道保险。因为意志力表现为一个人实现自己生活、学习、工作直至人生目标的重要品质，同时，也是一个人克服困难、跨越障碍、解决矛盾的心智力量。

在第九届世界女篮锦标赛中夺得三项第一的中国女篮队长宋晓波，就是在父母的训练下，从小养成了坚强的意志品质。

宋晓波的父亲是个篮球健将，他期望女儿成为坚强的人，因此在培养孩子的意志品质方面费了不少心思。

晓波6岁时考取了一所离家较远的小学，从家里到学校要换两次公共汽车，穿越几百米的小胡同和大马路。祖母很不放心，埋怨晓波爸妈太狠心。可是晓波爸爸安慰道："我们选中这所学校，也是为了锻炼晓波独立生活的闯劲和能力。一个人从小窝囊，长大了就很难有出息。"说罢，就去买了一张月票，挂在孩子的脖子上。父母开始也不放心，爸爸看着女儿上了汽车，便骑着自行车偷偷跟在汽车后面，看着女儿走进学校大门，才放心离开。

当晓波迈出了坚强的第一步，父母又给她提出了新的锻炼任务，要她单独去把幼儿园的妹妹接回家，这也要换两次车。当时，晓波刚上一年级，妹妹只有4岁。那天正值隆冬，大雪纷飞，路滑车挤。晓波知道爸妈是在考验自己，勇敢地答应了。

去了一个多小时晓波还没回来，妈妈着急了，骑车到幼儿园去询问，阿姨说："早走了！"她随即又奔回家。快到家门口时，看见两个雪团似的小人，她连忙赶上去。晓波解释说："汽车太挤，到站时下不来，我们就多坐了一站路，下车后往回跑的。"妈妈听了暗暗高兴，夸奖了她们。以后，晓波在学习和锻炼中更加努力，更加刻苦。

从小就受过良好的意志训练，为宋晓波之后的篮球事业奠定了一定的基础。

坚韧的意志力是孩子取得成功必备的心理品质，它也是保证和维持孩子奋斗的内在心理力量。人生路上，无论做什么事都会遇到一定的困难和问题，如果没有相当的意志力往往很难把事情做成，所以说，意志力的培养是相当重要的，这也是个性品质的一个重要特征，父母一定不要忽视对孩子意志力的培养。

1.磨炼孩子的耐性

坚韧的意志力离不开持久的耐性。缺少耐性的人，一般脾气都比较急躁，情绪容易激动，不能冷静地思考问题，意志力也比较差。所以，父母要磨炼孩子的意志力，就不能忽视对他耐性的培养。

2.让孩子承受一些挫折和困难

意志活动常常和困难、挫折在一起，因为克服困难常常需要更多的努力。父母应有意识地精心设计一些场景让孩子经历一下困难和挫折，然后因势利导，使孩子增强对困难、挫折的抵御能力，增强意志，学会应对办法。

3.做孩子的表率

家长自身的意志力对孩子有着重大的影响。如果家长自己都缺乏意志力，那么要求孩子有意志力基本上是一句空话。所以，作为父母，一定要为孩子作出良好的榜样，在日常生活和学习工作中体现出坚强的意志力。

4.利用名人事例激励孩子

每一个成功者必然都具有坚韧的意志力，没有哪个人的成功不是克服重重困难，依靠坚韧的意志力的支撑而获得的。生活中，父母可以多给孩子讲一些名人故事或者让孩子多看一些名人传记，让孩子从名人成功的故事里体会到意志力的重要性，并利用名人的榜样作用时刻激励孩子。

善待失败，做一个输得起的孩子

在很多人眼中，失败是一个可怕的名词，它会打击人的信心，消磨人的意志，使人距离人生的宏伟目标越来越远，但是这些仅仅是针对那些意志薄弱、无法经受考验的人而言的。真正勇敢而自信的人，绝不会因为一两次的失败而放弃自己的理想，停下前进的脚步，他们只会越挫越勇，决不低头认输，锲而不舍地努力拼搏奋斗，直至取得最终的成功。

有一位知名的作家说："失败应成为我们的老师，而不是掘墓人；失败是暂时耽误，而不是一败涂地；失败是暂时走了弯路，而不是走进死胡同。"如果你能这样看待失败，你就能轻装前进，最终战胜失败，获得成功。

在一次别开生面的人才招聘会上，A君以其绝对的实力闯过了5关，不知最后一关会是什么。A君在揣摩着。而另一位某名牌大学毕业的B君则有两关是勉强通过的。此时，他们都在等待着那第6关考题的公布，这将是对他们的一次宣判，因为两个当中只能选一个。A君入选看似无疑了。大家都向他投去赞赏的目光。

主持者在片刻的有些令人窒息的"冷场"之后开始宣布：A君被录

取，B君另谋高就。

宣布完后，A君兴奋地站起来，抑制不住心中的激动之情带头为自己鼓掌。

这时，B君不卑不亢地起身微笑着说："哦，正可谓人各有志不可强求，选择人才是择优录取，更何况每个单位都有它用人的标准和尺度，每个人都想找到、也会找到自己适合的位置。好了，再见。""B先生请留步！"主持者面带欣喜起身走向B君，"B先生，你也被录取了。"

接着，主持者向大会郑重宣布："成功与失败本是两个相互依存的概念，是相对而存在的，该是平等的，如果把任何一方看得过重，这个天平就要失衡，在这个世上生存或是发展，我们不能只羡慕成功者的辉煌，而应更看重能镇定自若面对失败的人。因为，每一个成功实际上是以许多的人失败为起点的，连在起点上都坚持不住的人，何谈以后的漫漫长途呢！"全场响起热烈的掌声。

失败是任何人都不愿意看到的事情，但是，在很多时候，这也是难以避免的事情。出现失败后怎么办？如果你因此灰心丧气，悲观失望，则只能坐以待毙，一事无成；如果你能从失败中吸取教训，总结经验，这条路不行走那条路，这种方法不行用那种方法，你就一定能够走出失败的阴影，迈向成功的目标。

失败是每个人都必须要面临的人生课题，孩子也是如此。敢于面对失败，如何面对失败，往往是他们长大后能否获得幸福的关键。在成长的过程中，孩子出现失败是常有的事，但挫折和失败的经验却富含成长所需的营养，孩子也只有不断地经历失败，并从失败中吸取经验和教训，才能更好地获得成功。

有个小女孩，很小的时候就开始学习钢琴，她学得很认真，也很辛苦，因为，自始至终她相信爸爸的那句话：勤劳的付出总会有回报。

可是，她第一次参加省里的少儿钢琴比赛时，却连入围的资格都没能取得。她感到很悲伤，觉得自己是世界上最不幸的孩子，吃不下饭，躲在自己的小房间里悄悄地哭。妈妈急坏了，一次次地安慰他，对她说，以后还会有机会，只要努力，就肯定能取得好成绩。

不！孩子把被子盖到头上：以后，我再也不学钢琴了。

爸爸走过来，把她从床上拉起来。她垂头丧气地跟着爸爸走到沙滩上。爸爸孩子气地递给她一根树枝，和她比赛在沙滩上写自己的名字，看谁写得又快又好。

她在沙滩上写下了名字。字歪歪扭扭的，一点也不好看。

爸爸把她刚写的全部抹掉了，让她再重写一遍。这次，她认真了些，字也写得漂亮、工整了许多。

"就像在这沙滩上写字，"爸爸似乎在对大海说话，"失误、失败都没关系，别记在心里，一切都可以重新再来。"

听了爸爸的话，她心里一下子变得宽敞起来。

经过刻苦练习，第二年，她终于取得少儿钢琴比赛的冠军。

从那以后，她迷上了在沙滩上写字。

失败了，她在沙滩上写字，一切可以重新再来；成功了，她在沙滩上写字，过去的荣誉不会永远存在。

孩子的成长过程是个必然伴随着挫折失败的过程。失败也是孩子的权利，失败也是一种人生体验。中国著名儿童教育家陈鹤琴曾说过："不要担心孩子的失败、应该担心的是，孩子为了怕失败而不敢做任何事。"在人生历程中遭遇失败，出现挫折是正常的，如果连一点点小小的失败都承受不了，是无法适应这个社会的。失败是成功之母，只有经历过失败的艰辛，才能享受到成功的喜悦，也只有一步步成功，孩子才能真正地长大。

世上没有常胜将军，孩子也不可能只胜不败。挫折和失败往往是极好的老师。让孩子了解失败，可以让孩子学会平和地处理失败的心情，增强承受挫折的能力，将来长大后，心态就会比较成熟，在面对失败时，会用更从容的心态，准备下一次的挑战，敢于做，才有可能成功。所以，父母一定要给孩子上好"善待失败"这一课，使他们善于从失败中找到开启成功之门的钥匙，从而帮助孩子从幼稚走向成熟。

1.帮助孩子正确认识失败

当孩子遭遇失败的时候，家长不应该置之不理，采取"无视"的态度，而应该及时疏导，帮助孩子认识失败、分析失败产生的原因，进而正确理解失败。同时，让孩子充分认识到自己的优缺点，明白失败本身并不可怕，最重要的是有正确的态度，这才是成功的关键。

2.及时给孩子鼓励和信心

当孩子遇到挫折失败时，父母应当及时去关心和鼓励孩子，给孩子安慰、鼓励和必要的帮助，使孩子不会感到孤独无助，让孩子以乐观的情绪，坚强地去面对和挑战挫折，不用消极的态度去看待问题。当孩子不能面对挫折时，父母应该以乐观的情绪去感染孩子，帮助他们建立起战胜困难的信心。

3.引导孩子总结经验教训

俗话说："吃一堑长一智。"既然失败是人生不可避免的，那么我们就要引导孩子积极应对失败，在挫折和困难面前剖析问题，查找事情发生的原因，借助自己的能力或者外在条件去寻求对策、解决问题，并从中总结经验教训，最后转化为宝贵的知识。

坚持就是胜利，教育孩子做事要有始有终

我们每个人都渴望成功！那么，成功的秘诀是什么呢？是坚持！成功出自坚持，坚持就是胜利！

法国启蒙思想家布冯曾说过："天才就是长期的坚持不懈。"我国著名数学家华罗庚也曾说："治学问，做研究工作，必须持之以恒……"的确，无

论我们干什么事，要取得成功，坚持不懈的毅力和持之以恒的精神都是必不可少的。

成功是一个持续不断的过程，只有坚持沿着一条路努力往前走，才有可能取得成功，相反，如果仅仅是走上了成功的道路而不坚持一直走下去，那么即使你之前已经有所收获，你最终的结果也往往是半途而废。

20世纪70年代是世界重量级拳击史上英雄辈出的年代。4年未登上拳台的拳王阿里此时体重已超过正常体重20多磅，速度和耐力也已大不如前，医生给他的运动生涯判了"死刑"。然而，阿里坚信"精神才是拳击手比赛的支柱"，他凭着顽强的毅力重返拳台。

1975年9月30日，33岁的阿里与另一拳坛猛将弗雷泽第三次较量（前两次一胜一负）。在进行到第14回合时，阿里已精疲力竭，濒临崩溃的边缘，这个时候一片羽毛落在他身上也能让他轰然倒地，他几乎再无丝毫力气迎战第15回合了。然而他拼着性命坚持着，不肯放弃。他心里清楚，对方和自己一样，也是只有出的气了。比到这个地步，与其说在比气力，不如说在比毅力，就看谁能比对方多坚持一会儿了。他知道此时如果在精神上压倒对方，就有胜出的可能。于是他竭力保持着坚毅的表情和誓不低头的气势，双目如电，令弗雷泽不寒而栗，以为阿里仍存着体力。这时，阿里的教练邓迪敏锐地发现弗雷泽已有放弃的意思，他将此信息传达给阿里，并鼓励阿里再坚持一下。阿里精神一振，更加顽强地坚持着。果然，弗雷泽表示"俯首称臣"，甘拜下风。裁判当即高举起阿里的臂膀，宣布阿里获胜。这时，保住了拳王称号的阿里还未走到台中央便眼前漆黑，双腿无力地跪在了地上。弗雷泽见此情景，如遭雷击，他追悔莫及，并为此抱憾终生。

在最艰难、也是最关键的时刻，阿里坚持到胜利的钟声敲响的那一刻，成就了他辉煌人生中的又一个传奇。

法国著名微生物学家巴斯德有句名言："告诉你使我达到目标的奥秘吧，

我唯一的力量就是我的坚持精神。"成功的秘诀不在于一蹴而就，而在于你是否能够持之以恒。任何伟大的事业，成于坚持不懈，毁于半途而废。成功与失败之间就只有那么短短的距离，一个人能否成功就在于能否坚持到最后。

坚持是人的意志品质之一。一般来说，儿时能坚持认真做完一件事，长大后就会多一分坚韧。所以坚持到底是一种重要品质，也是孩子未来成功的关键因素之一。培养孩子的坚持力，对孩子今后的人生道路有很大的影响。

但现实生活中，不少孩子做事没有恒心，缺乏持久性，常常半途而废。例如，原本计划在每天早上跑步半个小时，刚开始还能坚持，等到再过一段时间就放弃了；在课堂上听课，只能在前20分钟专心，后20分钟就无法继续坚持；在每一个新学期开始时，为自己制订了一个学习计划。最初几天还能完全按照计划学习，到后来却渐渐松懈，最后甚至完全舍弃了原订的学习计划。写作文的时候，通常前几段文字书写得非常工整，到后面就渐渐变得潦草凌乱，以致成了无人能识的"天书"……缺乏坚持是很多孩子的通病，这不得不引起家长的重视。

对孩子来说，做事是否有始有终，和家长的教育是分不开的。只有教导孩子认真完成每一件事，在人生的道路上，他才会走得更远。

一个少年作家，她的书在社会上反响非常好，记者问她怎么成为作家的，怎么出了四本书100多万字的作品。她说："我没什么特殊的秘诀，就是坚持下去了。上小学一年级的时候，老师要求学生坚持每天写作文、读书，我就认准了这个理，一直坚持到我写完第四本书。现在每天坚持读一个小时的课外书，文学的、历史的、人物的、哲学的，不管时间多忙，一定坚持一个小时，每天坚持写800字以上的日记和随笔，受益匪浅。"

所谓"不积跬步，无以至千里；不积小流，无以成江海"，培养孩子持之以恒的韧性，对孩子今后的人生道路有很大的影响。拥有良好坚持性的孩子更容易成长为一个独立自主、有毅力、有恒心、自信、乐观、社会适应能力强的人。因此，父母一定要对孩子的坚持力进行训练。当然，父母具有坚持力才能培养出孩子的坚持力。

1.制定奋斗目标

目标，是人行为做事的方向，让孩子朝着目标去努力，是锻炼意志力的起点。父母可帮孩子制定近期和长远的奋斗目标。孩子心中有了目标，有了实际性的"任务"，他就会为实现目标、完成任务去努力。这种目标激励法会让孩子为了实现目标而自觉地克服困难，迎接挑战，提高孩子的坚持力。

2.从孩子的生活习惯入手

家长可以先提出小的要求，安排一些不太费力就能完成的任务，久而久之，孩子就会逐步学会控制和约束自己的行为，有始有终地做好每一件事。

3.及时鼓励孩子

当孩子做事情有半途而废的想法时，家长切忌唠叨个没完，或者张口就骂、动手就打，更不要讽刺、挖苦，这样做很容易使孩子产生逆反心理，以致伤害其自尊心。相反，父母要对他们产生的困难及时予以帮助，对于他们的点滴进步要及时予以鼓励、表扬，使他们产生愉悦感和自信心，从而使孩子树立坚持完成任务的决心。

自古成功在尝试，鼓励孩子勇于尝试

任何事情在没有做之前，谁也不能够断定它是否能成功，但成功的事物都是从尝试开始的。英国戏剧家莎士比亚说："本来无望的事，大胆去尝试，往往就能成功。"尝试，是人们走向成功的必经之路。没有尝试就没有成功，没有尝试就没有创造，没有尝试就没有个人的发展与社会的发展和进步，因为安于现状的人不会去尝试做什么，自然不会取得什么成功。

在很久以前，古罗马有一位贤德的国王，他年纪渐渐地大了，当得知自己命不久矣时，他很想通过测试从三个儿子中挑选一个继承人。于是，他命令一个大臣在一条两边临水的大道上放置一块光滑的巨石。无论谁想通过这条大道，都得面对这块巨石。要么从水路绕过，可太费时；要么从石头上爬过，可石头太光滑；要么你能把它推开，可谁有那么大的力气呢？

国王叫来三个儿子，分别交给他们每个人一封信，吩咐他们先后经过那条大道，把信送到对面的大臣手里。谁最先将信送到，谁就能成为未来的国王。最后，三个儿子都完成任务回来了。国王问："你们是如何通过那块巨石的？"

大儿子说："我是从旁边的水路划船过去的。"

二儿子说："我也是从水路过去的，不过我是游水游过去的。"

小儿子说："我是从大道上跑过去的。"

"这怎么可能呢？难道巨石没有挡住你的去路吗？"大儿子和二儿子都很奇怪。

"没有啊，我只是用手使劲一推，它就滚到河里去了。"

"孩子，你是怎么想到用手去推它的？"国王问他的小儿子。

"我只不过想去试试，"小儿子说，"谁知我一推它，它就动了。"

原来，那块巨石是国王和大臣用很轻很轻的材料做的。所以，这位敢于尝试的小儿子最后继承了王位，成为了新国王。

成功就得敢于尝试。人生之路遥远而迷茫，前方是未知的，只有不断地探索尝试，踏出第一步，我们才有成功的机会。

伟大的科学家爱迪生说过：天才，是百分之一的灵感加上百分之九十九的汗水。而那个汗水，就是不断地尝试和努力，所以作为父母，应该经常鼓励孩子大胆地去尝试，这样才能造就成才之路。

德国著名儿童教育家舒马赫曾说："给孩子多多提供尝试机会也是实施挫折教育的有机组成部分。孩子一旦被剥夺了尝试的机会，也就等于被剥夺了犯错误和改正错误的机会，因此也不可能迈向成功之路。"

孩子对世界的一切事物都有自己的想法，他们对一切的事物都充满了好奇和新鲜感，可是他们又怀着一种恐惧，因为陌生，因为害怕做错被父母责骂等原因，只能望而却步，不敢尝试。这个时候，父母首先要用赏识的眼光看待他，鼓励孩子尝试一下，父母可以说："你去试试吧，相信你能够做好的。"这样不断地鼓励孩子去尝试，孩子才能在尝试的过程中获得成功的体验，树立信心。

索因卡是尼日利亚剧作家、诗人、小说家、评论家，也是第一个获得诺贝尔文学奖的非洲黑人，他出生于一个知识分子家庭。父亲是当地教会学校的校长，这使他从小就受到了西方和非洲传统文化的教育。

索因卡的父亲是个戏剧迷，一有空就会带着小索因卡去剧院观看戏剧，索因卡从小受父亲影响，也深爱戏剧。时间一长，剧团里的名角及所演的代表戏剧，小索因卡都如数家珍；甚至戏剧里的某一段台词，他都能背得滚瓜烂熟。

有一次，一个剧团正在进行演出，最先出场的是一个比索因卡大不了多少的小演员。这个演员是一个名角，刚一出场就赢得了观众的掌声。但是，这次他没有很好地发挥，他的嗓音沙哑，眼神呆滞，刚表演片刻就晕倒在地了。演员晕倒了，戏不能进行了，剧场里一片混乱，剧团的团长急得抓耳挠腮。

台下，小索因卡和父亲也在一起等候看戏。这时，周围认识他的人对他开玩笑说："索因卡，你去试试，一定行。"

小索因卡心中一动，他想：对啊，这个剧目我早就熟悉了，台词也烂熟于心，何不去试试，肯定不会冷场。

渐渐地，周围的人不再是开玩笑，而是认真地提议，让他去试试，小索因卡扭头看了看父亲，希望得到他的支持。父亲微笑着说："如果有把握，就去试试看，是一个难得的机会。"

"爸爸，你难道不反对吗？"

"那是你自己的事情，你应该学会自己做主，自己做决定。不管怎么样，试一试还是有好处的。"父亲对他说。

于是，台下便有人冲台上喊道："演员已经有了，请欢迎索因卡上台表演。"就这样，小索因卡在父亲的鼓励和观众的簇拥下走上了舞台。

剧团团长看了看小索因卡，起初还有些犹豫，但是看到观众都极力推荐他，又实在找不到临时演员，也就答应让他试试。

尽管小索因卡开始时有些紧张，但当他熟悉了舞台后，便忘掉了周围的一切，全身心地投入到了情节之中。他的动作由稚嫩变得娴熟，感情也越来越投入了，一下子征服了观众。

从那以后，小索因卡对戏剧的爱好更强烈，知名度也越来越高，长大后最终成为了一位杰出的戏剧作家。这一切与他父亲当时的支持和鼓励是分不开的。

事实上，在成长的道路上，孩子一定会尝试很多事情。只有放手让孩子大胆地不断尝试，他们才会获得生活的体验与成功的喜悦。如果父母因为过于保护孩子，而剥夺了他尝试的权利，那么，孩子就永远无法取得进步，无法获得成功，他也会越来越没有自信。

对于孩子来说，尝试和探索都是一种学习的机会，只有在不断地尝试和探索中，孩子才能不断地学习到为人处世的各种方法，这会增强孩子的自信，提高孩子的能力，促使他向更高的目标迈进！

1.让孩子自己去体验

有时候，家长很想把自己的经验全部传授给孩子，可是孩子就是听不进去，就是想亲身体验一下。对于这种情况，只要孩子不会有危险，而且不危害别人，家长不妨让孩子一试。对于孩子来说，自己亲身去体验，比父母讲一大堆道理印象要深刻得多。

2.为孩子提供尝试的机会

给孩子多提供尝试的机会是培养孩子独立性的一个有机组成部分。原因很简单：孩子一旦被剥夺了尝试的机会，也就等于被剥夺了犯错误和改正错误的机会，也不可能迈向成功之路。所以，父母应该鼓励孩子去尝试他们从未接触过的事，不必事事包办，许多事情孩子自己完全可以做得很好，父母应该放心让孩子自己去做，让孩子认识到自己能行，这才是最重要的。

3.及时鼓励和赞赏

当孩子主动尝试去做某件事的时候，不要斥责和阻碍孩子合理的要求和尝试，父母应该给予鼓励，并给予相应的指导。这可以增强孩子自信心，提高能力，促使他向更高的目标迈进。

第四章
真正有领导力的孩子，大都拥有良好的品德

拥有爱心是做人的基本品质

"爱心"是人类教育的一个永恒的主题，是人类所有感情中最高贵、最纯朴、最真挚的，是人类社会向前发展的最根本原因。从古至今，有一颗善良友爱的心一直是人们所推崇的。一个没有爱心的人，就是一个冷漠的人，一个与社会脱节的人。

世上每个人都期望得到爱。爱的力量是伟大的，是无可比拟的。它穿越时空，照亮一个人心中的黑暗；它无私而高尚，融化人们冰冷的心田；它不求回报，心甘情愿地付出。给人以爱，你也将处处得到人爱。

他是个9岁的孩子，自出生起就在孤儿院里长大，他一直想找到自己的妈妈。

有天傍晚，孩子在河畔发现一个昏倒在地上的男人。孩子给医院打了急救电话，将这个突发心脏病的男人抢救过来，这个男人原来是电视台著名的节目主持人。

主持人万分感激，要给孩子很多钱并供他读书，孩子拒绝了，只要求他力所能及地帮助10个人，然后再让那10个人帮助另外10个人。主持人很奇怪地问为什么。

孩子红着脸，犹豫着说出了自己的想法，他说，如果自己帮助10个人，然后请受帮助的人帮助另外10个人，以这样的方式传递爱心，也许终有一天，受帮助的那些人中就会有自己的妈妈。

主持人被孩子天真又深沉的爱震撼了，在当天的电视节目直播时讲述了孩子的故事，很多现场观众热泪盈眶，纷纷表示愿意做那10个人中的一个。

然而，谁也没想到不幸会突然降临在孩子的身上。有一天，孩子被一群小流氓拦住了，在孩子身上没搜到钱，小流氓们气急败坏地捅了孩子几刀，孩子的腹部被刺，肝脏被刺破，倒在血泊中，直到两小时后才被巡逻的警察发现送到医院。昏迷中的孩子，一直喃喃地呼喊："妈妈，妈妈……"

孩子的安危揪紧了全市人民的心。电视台24小时关注着孩子的病情，所有关心孩子的人都在祈祷他能苏醒。几十个大学生来到广场，手挽手连成一颗心形，他们日夜大声呼喊："妈妈，你在哪里？"

电视台两小时内接到几百位母亲的电话，她们都表达了最诚挚最迫切的心声：让我做孩子的妈妈吧！

两天后，孩子永远地离开了这个世界。离开时他的小脸上挂着幸福的微笑，因为他终于握着了妈妈的手。在场的所有医护人员哭了，电视机前的观众哭了，整个城市的母亲们哭了。

自从那以后，昔日冷漠的人们变得有人情味了。孤儿院的孤儿纷纷被领养，敬老院的许多老人被子女接回了家，每个人都懂得了对亲情对爱的珍惜。

这不是为教育人而编的故事，它真实地发生在德国的莱茵河畔。这个孩子叫德比。因为他，整个德国掀起了一股"做10件好事"的热潮。

爱心，是人性光辉中最美丽、最暖人的一缕。对于一个孩子的个性发展而言，没有什么能比爱和善良更重要的了，这是孩子将来亲和社会的基础和前提。

爱是美好品德的核心，是人类最伟大高尚的情感。爱，可以让我们察觉别人的困难，并唤醒我们的良知与感情，我们才会变得宽容而富有同情心，才能理解别人的需要，才会伸出双手去帮助那些受到伤害和需要帮助的人。一个不会爱的人是可怕的，他的感情生活也将一片空白。

一位儿童教育家说："只知索取，不知付出；只知爱己，不知爱人，是当前独生子女的通病。"的确，现在的孩子都是在爱的呵护下长大的，他们在爱的环境中获得安全感、满足感，获得激励和信任，从而促进身体的健全发育。而这些饱受爱意滋润的孩子往往缺乏爱心，少数孩子甚至缺乏情感，没有同情心，心中无他人，这对孩子将来的人际交往、社会适应性、个性发展是极为不利的。所以，我们一定要对孩子进行"爱"的熏陶和教育，培养其懂得"爱"的高尚情操，培养孩子的爱心。

冰心曾说："有了爱就有了一切。"对于孩子，我们不但要为他们创设一个被爱的环境，更重要的是要让他们学会如何去爱别人。只有在"爱"与"被爱"的双重环境下，我们的下一代才可能健康地成长起来。

　　小萌出生在一个并不富裕的家庭，爸爸妈妈都是普通的工人。可是，一家人在一起非常和睦，其乐融融。邻里们都非常羡慕他们家，大家都生活得紧巴巴的，家里也经常会为一些鸡毛蒜皮的小事吵架，为什么他们家就没有那么多事呢？

　　其实，原因很简单，小萌的家庭之所以和睦，是因为他们家人都非常体谅别人。小萌的父母非常恩爱，他们对小萌也非常关心，但从来都不过分地宠小萌。在这样一个家庭中生活，小萌逐渐变得非常懂事：平时她很体贴父母，自己能做的家务活，也尽量帮父母去做；有好吃的东西，她从来都不会自己一个人吃。在小区里，她也是一个人见人爱的孩子，别人都夸她很有爱心。

　　长大后，小萌做了一名医生，实现了她白衣天使的梦想。由于她从小就富有爱心，她对自己的病人非常关心，因此，不仅病人对她非常感激，同事也对她欣赏有加。

小萌的家庭之所以和睦，小萌之所以能在事业上有所成就，与她的爱心是密不可分的。没有爱，小萌就不可能得到这一切，没有爱，小萌也不可能健康地成长。

荷兰后印象派画家凡·高说："爱之花开放的地方，生命便欣欣向荣。"的确，这个世界因为有爱才美丽，人生也因为有爱而变得温暖。因此，拥有爱心的孩子才是人世间最美的花朵。

爱心的产生，是基于个体的社会性情感需要，它不是人与生俱来的品质，而是在后天的环境和教育的熏陶下逐渐形成的习惯性心理倾向，必须在童年时悉心培养。所以，家长平时注意对孩子一点一滴的培养、一言一行的引导，在生活中关注孩子，培养孩子的爱心，那仁慈博大的爱心，就会在孩子心头扎下根，并会随着孩子的成长而不断扩展和升腾。

1. 鼓励、引导孩子的爱心行动

培养孩子的爱心，要从赏识孩子的行动开始，对孩子的爱心行为和表现做出正面的、积极的回应，通过这种回应和赏识，强化孩子的爱心行为，鼓励孩子在以后怀着一颗爱心去生活。例如，当孩子帮了别人一些小忙，或者替别人着想时，父母要及时表扬他的这一举动，鼓励他以后多做一些助人为乐的事情。

2. 给孩子提供奉献爱心的机会

在对孩子进行爱心教育时，家长要给孩子提供一些机会和条件，爱只有落实到具体的事情和人身上，才能得到及时的加强和反馈。比如，带孩子搭公车时，看到有老人上车时，父母自己以身作则起来让座，就是让孩子感受到"博爱"意义的好机会。如果听到有其他小朋友有困难，父母可以主动告诉孩子去问问同学是否需要帮助，父母并给予协助，让孩子从小就能体会帮助人的快乐，也能让孩子更富有悲悯之心。再如，有新闻报道说，某地发生洪涝灾害或有人缺钱做手术，生命垂危……这时，我们就应该带孩子一起去捐款，献上一份爱心，而且要让孩子拿出自己的零花钱以他自己的名义献爱心，这样孩子就能体会到献爱心的一种成就感和自豪感，为孩子以后更大的爱心行为打下基础。

3. 做有爱心的父母

俗话说，种豆得豆，种瓜得瓜。孩子爱心的培养，需要父母的爱心浇灌。父母是爱心传递的使者，尊老爱幼，用爱心去影响孩子，包括尊敬乡邻，爱护一草一木，珍惜光阴等，潜移默化中使孩子拥有爱的感知，长大后更易成为有爱心的人。

懂得感恩的孩子，将有一个美好的未来

感恩是一种处世哲学，是一个人对自己和他人以及社会关系的正确认识；感恩也是一种责任，知恩图报，有恩必报，它不仅是一种情感，更是一种人生境界的体现。从道德的意义上看，人家帮助你，你当然要回报别人，这是善良和高贵的象征；从现实的角度看，如果当一个人受到他人的帮助时不但不思回报，甚至恶意相向，那么，这个世界将会变得何等的浑浊黑暗？

感恩是人性真善美的具体体现，是一种最诚挚的生活态度；感恩是每个人应有的道德准则，是做人的最起码的修养。然而在当今社会，感恩却是一种普遍缺失的生活态度和品德素养。在这个物质生活丰富的时代，我们常常对周围的一切不以为然，往往把金钱和利益看得太重，忽视了人与人之间的感情。觉得父母照顾我们。朋友关心帮助我们都是理所当然的，忙忙碌碌的生活，让我们忘记了感恩，也无暇去感恩，在有意无意中伤害了那些对我们有恩的人，这不能不说是一种悲哀。

美国曾经流传着这样一个故事：

有一家人围坐在餐桌前吃饭，母亲端上来的却是一盆稻草。全家人都很奇怪，不知道这究竟是怎么一回事，母亲说："我给你们做了一辈子的饭，你们从来没有说过哪怕一句感谢的话，称赞一下饭菜好吃，这和吃稻草有什么区别！"

　　看看，连世上最不求回报的母亲都渴望听到哪怕一点感谢的回声，那么我们对待别人给予的帮助和恩惠，不需要答恩言谢吗？

　　我们都知道，鸦有反哺之义，羊有跪乳之恩，连动物间都懂得感恩，更何况身为万物之灵的人类呢？然而现在，我们也不得不承认这样一个事实：知道感恩的人不太多了！特别是现在的孩子，他们从小到大都是扮演被爱的角色，久而久之，便认为从他人那里得到东西是理所当然的，生活中只知道索取，不知道回报，自然不会想着去关心别人、感激他人。所以教育孩子"学会感恩"是一件重要的事情。

　　在中国，有一位名叫尹礼远的孩子，他家境贫寒，父亲左手残疾，母亲痴呆。因为从小就知道父母的艰辛与不易，小小年纪的尹礼远显得比与他同龄的人更加的成熟与懂事，他除了更加勤奋刻苦地学习，以此来报答亲人对他的期望之外，还想方设法减轻家里的负担。

　　为了节省作业本，他写了擦，擦了写，一个本子至少要写三遍；为了节省鞋子，暮春时他就光脚，一直到立秋才穿鞋。若是遇到下雨、下雪天，即便是冬天，他也要脱下鞋走路。假期还去工地做工赚学费。

　　尹礼远的故事感动了千千万万的中国人，人们除了心疼这个懂事的孩子之外，对他更多的是敬佩与疼爱。大家为他捐款、捐物，更有人资助他完成小学到高中的学业。而尹礼远也不负众望，他说除了更加认真地读书以外，他还要做更多的事情回报关爱他的社会。

　　与尹礼远不同的是另一个男孩的命运：

　　这个男孩有着与尹礼远相似的悲惨故事，他的父母几年前双双因病去世了，他和行动不便的爷爷住一起，生活十分困难。因为他学习成绩很好，社会上有个好心人主动和学校联系，要求资助他。

　　节假日，这位好心人把他接到家里去玩，结果这个孩子的表现令人反感：随意翻家里的东西，对人没有礼貌，在他们家也不知道做任何事，连吃饭都要等着别人端碗；当他们给他买衣服、给他钱的时候，他根本没有一丁点儿感激的意思，甚至一句感谢的话都没有。他们以为：一个苦孩子一定是非常懂事的，可是孩子的表现使得全家大失所望。

结果，暑假后，这位好心人撤销了对这个男孩的资助。他说："一个孩子连一点儿感恩之心都没有，反而觉得别人给他帮助是理所当然的，这样的想法会让他失去自立精神，会害了他。"

感恩是一种对恩惠心存感激的表示，是每一位不忘他人恩情的人萦绕心间的情感。如果在我们的心中培植一种感恩的思想，则可以沉淀许多的浮躁、不安，消融许多的不满与不幸。只有心怀感恩，我们才会生活得更加美好。

英国著名思想家培根曾说："学会了感恩，你就学会了做人。"对孩子来说，从小培养感恩的心是至关重要的。一个懂得感恩的孩子，会非常满足于自己所得到的一切，无论这一切"价值"如何，对他而言都是难得和珍贵的，他在珍惜的同时，内心充满了对施与人的感谢和对生活的感恩；而一个不懂得感恩的孩子，总认为别人的付出都是应该的，也总觉得自己得到的还不够多，内心没有感恩，就会充斥着贪婪，如此一来，他感觉不到生活的美好，看不出他人的可爱，他内心怎么会快乐，怎么会幸福？

一个人是否有感恩之心，与他所处的环境、所受到的教育是密不可分的。作为一个孩子，从小培养他具有感恩的心是至关重要的，让孩子知道感恩，是每一个家长的重要责任——让孩子感激给予生命并养育他们的父母；感激给予他们各种知识的教师；感激给予他们帮助的同学和朋友；感激生活中一切美好的事物。让孩子真正体会到"我们的生活多么快乐幸福！"让孩子学会关心、学会感恩，将有利于孩子好的品格的形成，使孩子一生受益无穷。

1.学会感恩从感谢父母开始

教孩子学会感恩，首先让孩子从感谢父母开始，要让孩子知道，即使是来自父母那最简单的衣食，最质朴的关怀，也无不倾注了父母对他们的辛劳和深爱。这种爱是独一无二的。这样孩子才能珍惜自己拥有的一切，理解并爱父母。

在日常生活中，父母应该时刻创造条件启发孩子学会用感激、感恩的心态去面对自己的付出，让孩子先从感恩父母开始。比如，让孩子知道父母为自己做事后要说"谢谢"等。通过各种小的事情、小的情绪让孩子熟悉各种感恩的状态，并最终知道如何表示自己的感恩。

2.教导孩子感谢师恩

俗话说："尊师重道。"孩子只有对老师心存恭敬和感恩，才能重视学业、孜孜不倦。作为父母，不但要教导孩子尊重老师，更要从心底体谅老师的辛劳。父母做到了，孩子自然会感念老师教育之恩。

3.让孩子学会表达感谢

感谢他人，对人家说声"谢谢"，是感恩的简单形式。培养孩子感恩的心态，要从培养孩子学会对帮助他的人说声"谢谢"开始。当孩子在生活中获得帮助时，父母要提醒孩子及时表达感谢。比如，带着孩子出入公共场合，对于周围人给予的便利，父母不仅要真心说"谢谢"，而且还要提醒孩子："快！谢谢叔叔！"

当孩子学会表达感谢，说明他已经渐渐懂得回馈他人的付出，特别是在别人的付出给自己带来方便的时候，更不会熟视无睹或者觉得理所应当。这样，孩子会生活在感恩的世界，而世界回馈给孩子的，当然也是最大的恩惠。

4.让孩子在劳动中学会感恩

俗话说："习劳知感恩。"只有自己真实地付出劳动，才会知道感恩他人。父母要想培养孩子的感恩心，就一定不能把孩子养成"小皇帝"和"小公主"，一定要让孩子在家务劳动中学会体谅父母，感恩他人。

一诺千金，教孩子做一个诚实守信的人

所谓诚信，就是守信用，一诺千金，说话算数，这是中华民族的传统美德。孔子曾说："人而无信，不知其可也。"意思是说一个人不讲信用，就不知他能干什么。

诚信是做人最起码的道德规范，它既是一种道德品质，也是一种公共义务，还是一个人能在社会生活中安身立命之根本，是为人的最重要的品德。

但在家庭教育中，很多父母却忽视了对孩子的诚信教育，他们非常重视孩子的学习成绩，或者不惜重金培养孩子的特长，以至于孩子的学习成绩与品德成绩有很大差距。现在不少孩子言而无信，不守信，不守时，甚至动辄说谎，有时可以编出一套套谎言来骗父母、骗老师、骗同学。有的则弄虚作假，测验考试作弊。不诚实不守信的品性将会直接影响孩子的成长，直接影响孩子今后在社会立足，对父母来说，极有必要在孩子心灵中播下诚信的种子。

从本质上说，诚信是一种人品修养，是做人的根本准则。"小信成则大信也"，无论是做人还是做事，诚信在其中必不可少。一个讲诚信的人，能够前后一致，言行一致，表里如一，人们可以根据他的言论去判断他的行为，进行正常的交往。只要你诚实有信，自然会得到大家的认可，获得众人的尊重。反过来，如果你口是心非，说一套做一套，表面上是占了一些便宜，但为了这点便宜毁了自己的声誉，是最不划算的买卖。所以，失信于人，无异于丢了西瓜捡芝麻，是得不偿失的。一个不守信用的人，永远交不到真正的朋友，谁愿意和一个说话不算话、出尔反尔的人一起相处呢？

迈克成立了一家网络公司，由于资金周转不灵，无奈只得向一位好友借了50万美元，并答应两年后还清。

两年的时间一晃就过去了，迈克的公司因某些原因仍然无法在短时间内还清好友的借款。迈克想尽所有办法，找到各种途径好不容易筹到了20万元，可余下的30万实在无能为力了。这可如何是好呢？眼见日益接近的还钱日期，迈克愁得几乎头发都快白了。他的太太看着十分心痛，便提议他向朋友求求情，宽限几天还钱的日子或是先开张空头支票，等有了钱再赶紧补上。谁知，迈克非常生气地向太太吼道："这怎么可能！那我成什么了？"

经过一夜的反复思考，迈克决定把自己的别墅抵押给银行，希望银行能给他贷款30万。可最后银行只同意给他贷27万。无奈之下，迈克忍痛割爱，将别墅以30万的超低价出售给可以立即付现款的买主，结果他们一家人搬到了一处远郊的小平房里。迈克终于在限期之内还清了好友的欠款。

不久，好友打电话给迈克，说是周末想到他家聚聚，可没想到被平时非常好客的迈克一口回绝了。好友很是不解，于是独自前往他家想看个究竟。当好友经过千辛万苦，终于找到迈克的"新家"时，立刻被眼前的一切惊呆了。当他得知迈克竟是为了按期还自己借款才变得如此时，感动不已。临走时，好友真诚地说：你这么讲信用，以后有事尽管找我。

这件事很快传开了，迈克也以诚信出了名。又过了几年，因一次意外，迈克的公司再一次陷入经济危机时，很多朋友都纷纷主动向他伸出援助之手，帮他解决重重危机，让他重新迈入了成功企业家的行列，此后他的事业一直一帆风顺。

每当有人问起迈克的成功经验时，迈克都会深有感触地说："是诚信，诚信使我获得了财富，获得了成功。"

正所谓：金钱有价，诚信无价。只有守信的人，才会有人信任你。只有做到了诚信待人，你的事业才有望发展壮大并蒸蒸日上。

在当今的市场经济时代里，诚实守信是每个人必备的素质，对孩子来说也是如此。它能让孩子保持正直，挺直脊梁、光明磊落地做人，还能给孩子以力量和耐力。因此，父母应该从小培养孩子有一颗诚信心，让孩子拥有诚实守信的品德，得到别人的尊重和信任，获得真诚的朋友和友谊，将来在事业上才能得到更好的合作伙伴和他人的支持。

宋庆龄是伟大的爱国主义、民主主义、国际主义和共产主义战士，举世闻名的20世纪的伟大女性。她的父亲宋耀如，经常教育自己的孩子从小要养成诚实善良的品德。宋庆龄是宋耀如的二女儿，她牢牢地记住了父亲的话，从小就诚实、善良、守信。

有一次，爸爸妈妈要带全家去朋友家做客，其他孩子都穿戴整齐准备出发了，只有宋庆龄仍然坐在钢琴面前不停地弹琴。

母亲喊道："孩子们，我们快走吧！"

宋庆龄不由自主地站了起来，但很快又坐下去了。父亲问道："孩子，你怎么了？"

宋庆龄有些着急地说："今天我不能去伯伯家了。"

"为什么不能去，孩子？"妈妈问道。

"爸爸，妈妈，我昨天答应了小珍，她今天来我们家，我要教她叠花。"宋庆龄说。

"我还以为什么重要的事呢！下次再教她吧！"父亲说。

"不行，小珍来我家会扑空的。"宋庆龄叫了起来。

"要不，你回来后到小珍家去解释一下，向小珍道个歉，明天再教她也没关系。"妈妈出了个主意。

"不行，妈妈！您不是经常教育我要信守诺言吗？我答应了别人的事情，怎么可以随意改变呢？"宋庆龄坚定地摇着头。

"哦，我明白了，我们的庆龄是一个守信用的孩子，"妈妈会心地笑了，"那就让庆龄留下吧！"

于是，爸爸妈妈带着其他孩子去做客了。回家后，爸爸妈妈却见宋庆龄一个人在家里。"庆龄，你的朋友小珍呢？"父亲问道。

"小珍没有来，可能她临时有什么事吧。"小庆龄平静地回答。

妈妈心疼地问："小珍没有来啊？那我们的庆龄不是很寂寞吗？"

宋庆龄却回答："不，妈妈，虽然小珍没有来，但是我仍然很高兴，因为我信守了诺言。"

一旦许诺于人，即使再小的事情，也一定要做到；一旦与人有约，即使是一时一刻，也不能够延误，这就是"信"。做人一定要有信，一个无信的人，不可能会得到他人的尊重，也绝不会有大的作为。

诚信是一种道德品质和道德规范。无诚则无德，无信则事难成。聪明而睿智的家长们，一定能领悟到诚信教育的作用和真谛，那么就从现在开始，为孩子播下诚信的种子，给孩子以力量和耐力，赢得诚信这张人生的通行证！

1.帮孩子树立诚信观

孩子的思想是单纯的，父母要给他们树立一种诚信为人的观念。教育他们与小伙伴交往要真心，对老师、父母不说假话，作业不抄袭，考试不作弊，对待他人要懂得"己所不欲，勿施于人"的道理，答应别人的事情就要做到。如果孩子出现了没有信守诺言的行为或苗头，父母一定要及时指出，严肃地向孩子讲明道理，并督促孩子认真履行自己的承诺。父母千万不要觉得孩子还小，或者觉得事情无关紧要就放纵他们的缺点，否则，孩子会不断强化不良的行为，从而形成不良的品格，进而影响他的一生。

2.教育孩子不要撒谎

"当一个人开始撒第一次谎，"美国著名作家汤姆斯·杰弗逊写道，"那么他就会很容易地去撒第二次谎，直至成为一个习惯。一个人无意于自己撒的谎，但当他将来说实话时，人们将不再相信他。口头上的过错也会使他的心灵变质，到时候就会破坏他所具有的一切美德。"所以，父母要时刻警惕孩子是否说谎，因为谎言容易使孩子逐渐养成不诚信的习惯。

3.及时表扬孩子的守信行为

心理学研究表明，适当的表扬对于塑造儿童行为和培养良好的品德有着举足轻重的作用。所以，家长平时应多观察孩子的行为，一旦发现孩子做到了诚实守信，就应该加以肯定和表扬，使孩子的这一行为慢慢转化为习惯。

4.做一个诚信的家长

常言道："身教重于言教。"教育孩子要诚信，父母自身首先要诚信。父母以身作则带给孩子的影响是深远的。在日常生活中，父母对待孩子一定要诚信，不要说话不算话。许多父母为了诱导孩子做某件事，总是轻易地许诺孩子某些条件，但是事后却没有兑现。孩子的希望落空后，就会发现父母在欺骗自己，也就会从父母身上得到一些"坏"经验，那就是不守信的许诺是允许的，大人的言行也经常不一致的，等等。一旦这些经验转化为孩子说谎的行为时，父母恐怕要后悔莫及了。所以，要纠正孩子不守信用的倾向，家长首先要做到言行一致，这样才能取信于孩子。

心存善意，让孩子拥有一颗善良的心

善良，即纯真温厚，没有恶意，为人和善。善良是人的一种好品性，它是人类历史中稀有的珍珠。传统启蒙经典《三字经》开端第一句话就是："人之初，性本善；性相近，习相远。"人以善为本，善是心灵美最直接的展现。一个人最重要的是要有一颗善心，以善良之心对待人生，这应该是一个人一生追求的道德规范。善良的人一般性格温和，乐于助人，由于能够理解体谅别人的痛苦，较少计较自己的得失，反而显得坚强、开朗，容易保持心理平衡。

美国作家马克·吐温称善良为一种世界通用的语言，它可以使盲人"看到"，聋子"听到"。心存善良之人，他们内心火热，可以驱赶寒冷，横扫阴霾。善意产生善行，同善良的人接触往往使智慧得到开启，情操变得高尚，灵魂变得纯洁，胸怀更加宽阔。

有个大学刚毕业的女孩，因为学的专业比较冷门，一直没有找到合适的工作。她平时待人很好，在街坊邻居中极有人缘。不久，便在亲戚朋友的帮助下，在服装市场旁开了一家饭店。

饭店刚开张时，生意较为冷清，全靠以前的同学和朋友关照。后来，由于女店主忠厚老实，又热情公道，小饭店渐渐开始有了回头客，生意也一天一天好了起来。几乎每到中午吃饭的时间，小镇上的五六个大小乞丐都会相继光顾这里。客人们常对女店主说："快把他们轰走吧，这些都是好吃懒做的主，别可怜他们！"

可女店主总是笑笑说："算了吧，谁还没个难处，再者你看他们风餐露宿的，也挺可怜的。"人们都说，这女店主太善良了，从未见过小镇上其他店主能够像她那样宽容平和地对待这些肮脏不堪的乞丐。这位女店主则每次都会微笑着给他们的饭盆里盛满热饭热菜，而且多是从厨房里取出来的新鲜饭菜。更让人感动的是，在她的施舍过程中，没有丝毫的做作。

半年之后，这个女孩便被当地的一位企业家娶回了家，找到了一个极好的归宿。而打动那个企业家的就是，这个女孩有一颗善良的心。

善良是一种高尚的品质，是一种良好的社会风气。孟子曰："取诸人以为善，是与人为善者也，故君子莫大乎与人为善。"这句话是说：君子最高的德行就是同别人一道行善。心怀善念的人，就会以善意的言语、态度和行为去帮助他人，在他人需要的时候伸出援手。

每一个人都愿意和善良的人相处，因为善良是人性最安全的保障。任何一个人当被大众称赞其善良时，说明他给别人带去了最大的温暖。一个人可以不聪明，但绝不能不善良。法国作家雨果曾说："善良是历史中稀有的珍珠，善良的人几乎优于伟大的人。"所以，父母要从小培养孩子的善良品质。

1911年诺贝尔和平奖获得者阿尔弗雷德·弗里德是奥地利著名记者。少年时代，阿尔弗雷德就是一个善良的孩子。因为家里比较贫穷，所以父母每天都为了一家人的生计奔波忙碌。为了帮助父母减轻一点负担，小阿尔弗雷德决心去摆一个小书摊，并把自己的计划告诉了父母。

看到儿子这么懂事，父母同意了他的决定。很快，小阿尔弗雷德就成了一个小书摊的摊主了。因为他服务热情，而且还有很多很有趣的图书，所以小书摊的生意特别好。在劳动中，小阿尔弗雷德学到了许多知识，也认识了很多朋友，每天都过得特别充实。

有一天，已经接近傍晚了，小阿尔弗雷德麻利地收拾东西，准备回家吃晚饭。这时，有4个和他差不多大的孩子围了过来。其中一个还故意碰翻了书摊。小阿尔弗雷德正要责备那个孩子，另一个孩子赶紧说对不起，并帮着他去捡书。

小阿尔弗雷德刚说了一声"谢谢"，冷不防被其中一个孩子绊倒了，这时，4个孩子一起冲上来，把他压在身子下面。一个孩子厉声问道："你的钱呢？钱在哪里？快点给我们！"

当4个孩子在他身上乱搜的时候，他又气又急，慌乱中，他忽然看见街对面有一个警察，就大喊了一声："警察来了！"那4个孩子看见警察来了，都慌了，爬起来就跑。其中有一个孩子比较小，跑得慢，所以被小阿尔弗雷德一把给抓住了。

那位警察过来了，很严肃地问道："你们刚才做什么了？"

小阿尔弗雷德看了看旁边那个孩子，说："他想……他想租书看，可是我要收摊回家吃晚饭了。所以他就帮我收拾摊子。"

警察发现没有发生什么事情，就微笑了一下，走开了。小阿尔弗雷德拉了拉那个孩子的手，说："来，快点帮我收拾东西。"

那个孩子有些迷惑不解地问："刚才，你……你为什么不报告警察？"

小阿尔弗雷德并没有回答，却反问那个孩子："你们为什么要来抢我的钱呢？"

那个孩子又认真地看了看小阿尔弗雷德，说："我们已经观察你好几天了。本来也没想抢你的钱的，可是今天我们没有弄到吃的东西，都饿坏了，所以才……"

"就因为我看你们的衣服很破旧，所以我知道你们抢钱肯定也是迫不得已，我也是穷人家的孩子，所以我才没有报告警察。"小阿尔弗雷德非常认真地说道。

收拾好书摊之后，小阿尔弗雷德对那个孩子说："你跟我走吧，咱们一起吃饭去。"

那个孩子很不好意思地点了点头。小阿尔弗雷德带着他来到附近的小吃店里，吃完饭后，又买了几张饼，说："带给你的朋友们吧。欢迎你们明天还到我这里来，我可以请你们免费看书。"

第二天，直到很晚了，那4个孩子才来。这时，小阿尔弗雷德才知道，他们原来都是流浪儿，靠乞讨和捡破烂为生。从那以后，小阿尔弗雷德总是尽量帮助他们，而这4个孩子只要有时间，就会聚集在书摊上看书，帮小阿尔弗雷德收拾书摊，他们居然成了很好的朋友。

把生活变得更加美好，这是阿尔弗雷德的志愿，也是成就他一生辉煌的智慧宝典。就是因为坚守这一高尚的人生准则，阿尔弗雷德才能为人类的和平事业忘我地奔波，并取得卓越的成就，最终在1911年荣获诺贝尔和平奖。而把生活变得更加美好的本质，就是阿尔弗雷德的善良。

善良作为一种美德，对孩子的成长发展具有不可忽视的积极影响。可以说，拥有善良品质的人，同时也是个道德高尚的人，他更容易赢得人们的信赖，取得事业上的成功。

苏联著名教育实践家和教育理论家苏霍姆林斯基曾说："善良的情感是良好行为的肥沃土壤。"善良的情感及修养是人道精神的核心，它必须在童年时悉心培养，否则难有效果。因此，父母要在孩子的心中撒播善良的种子，让孩子成长为一个健康、善良的孩子。

1.为孩子创设友爱的成长环境

一个在充满爱的环境中长大的人，不难拥有善心、爱心。如果父母以友好和爱的方式来教育、帮助孩子，努力使善意、友好的气氛充满整个家庭，充满孩子成长中的每一个细微的角落，那么，孩子在此环境熏陶下，善良、友好对他来说就显得非常熟悉、自然，而且得体。

2.让孩子懂得要关心他人

在孩子成长过程中，应将培养孩子善良的情感作为重点，让他们学会平衡自己的需求与他人的需求。所以，父母应常在孩子面前强调关心别人、帮助他人，经常问问孩子在学校的情况，对班级同学的印象等，确保孩子对日常生活中的所有人保持友好和关心的态度。当老师、同学生病时，要求孩子主动打电话慰问，鼓励他们关心脆弱的人。

3.让孩子爱护小动物

对孩子进行善良教育，可以从指导孩子爱护身边的小鸡、小鸭、小猫、小狗、花草鱼虫开始，让孩子懂得珍惜生命，让孩子在亲自照料小动物的过程中，学会体贴入微地亲近生命。这种"实物教学"往往会收到潜移默化的教育效果。爱护小动物，看似是小事，其实，这里面是培养孩子善良之心的一个最朴素和最有效的办法，家长必须要抓住这个契机，让孩子知道怎么样亲近自然，亲近生活，亲近人类的朋友。

4.表扬孩子的善行

对于孩子的善良行为，父母要适时地进行鼓励。如果得到了父母的鼓励和表扬，那么孩子的心中就会产生一种成就感，这会促使孩子做更多的善事。只要抱着欣赏的眼光看待孩子的善良举动，孩子的心中就会萌生善良，久而久之，善良就会成为孩子的一种品质。

坦坦荡荡，教孩子做一个正直的人

如果你想孩子真正能获得成功，必须具备一种品格——正直。这也是领导者必须具备的品质。正直的品格能使孩子树立起人生信仰的原则，他坚定自己，不会动摇，也不会心口不一、在内心里矛盾重重。他会坚定不移地干他认准了的事，并具有格外的精力和清晰的头脑，不成功决不回头。

正直是做人的一种美德。伟大的建筑师弗兰克·劳埃德·赖特曾经对美国建筑学的师生们发表讲话，他说："什么是一块砖头的名誉呢？那就是一块实实在在的砖头；什么是一块板材的名誉呢？那就是一块地地道道的、名副其实的板材；什么是人的名誉呢？那就是要做一个正直的人。"

正直的品格并不是与每个人的生命息息相关，但它却成为一个人品格的最重要方面。正如一位古人所说的：即使缺衣少食，品格也先天地忠实于自己的德行。具有这种正直品质的人，一旦和坚定的目标融为一体，那么他的力量就可惊天动地，势不可当。因为正直的人遵从真理和事实，不会因为个人利益而左右摇摆，也不会因自己的喜好而说言不由衷的话；正直的人与人交往落落大方、不卑不亢，绝不会阿谀奉承、溜须拍马；正直的人处理事情，敢于主持公道，伸张正义。

　　麦克拉斯博士是美国极负盛名的心脏移植专家。有一次，他所在的医院同时接收了两名需要换心脏的病人。一个名叫弗尼斯，是总统的高级顾问；另一个叫坎贝尔，是一个花匠。如果没有合适的心脏替换，两个人将必死无疑。

　　是否有资格接受心脏移植手术，要对病人进行一系列的常规检查。对两名病人做了相应的检查后，麦克拉斯发现，弗尼斯由于受心脏的影响，肾脏和肝脏的受损程度已超过了标准，而坎贝尔的受损程度没有超过标准。肾脏和肝脏的受损程度如果超过一定的标准，就不能进行心脏移植手术。他决定首先通过积极治疗，恢复弗尼斯肾脏和肝脏的功能，以达到心脏移植所规定的要求。

　　一晃三个月过去了，弗尼斯和坎贝尔离死神越来越近，但还是没有适合他俩的心脏。而最让麦克拉斯感到担忧的是，虽然经过三个月的治疗，弗尼斯肾脏和肝脏功能的损害并没得到多大的恢复。

　　正当弗尼斯和坎贝尔的生命之火渐渐熄灭的时候，从美国全国心脏服务中心传来消息，在800英里之外洛基山旁的一个小村庄，有一个年轻人因车祸意外死亡。据送来的资料表明，这个年轻人的身材和弗尼斯与坎贝尔相仿，而且血型也是O型。

　　听到这个消息后，麦克拉斯坐在桌前陷入沉思，他反复翻阅放在他面前的两份病历，谁先做？弗尼斯还是坎贝尔，坎贝尔还是弗尼斯，选择一个就可能给另外一个判了死刑，这太残酷了。他知道如果救活弗尼斯，那会给他们这个医院、他本人带来巨大的好处，毕竟弗尼斯是一个有影响的人物。而坎贝尔是一个花匠，一个无足轻重的人物，即使不治而死，对医院和他本人也没多大影响。但弗尼斯并不符合心脏移植手术的要求，如果给他移植，最多也只能活一年半载的，而另一个可以靠这颗心脏多活

10年、20年的年轻人就必须死去。想到这里，麦克拉斯使劲地摇了摇头，不，不！这是他——一名医生的良心所不容的。怎么办？作为一个心脏移植专家，麦克拉斯素以雷厉风行、大胆果断著称。而这在外人看来非常简单的决定，却难住了麦克拉斯，他正面临严峻的挑战。选择良心，他将失去一切；放弃良心，他将拥有一切。

晚上8点30分，再有三个半小时，负责运送心脏的医疗小组就要回来了。时间紧迫，麦克拉斯做出了自己的决定，当他把决定告诉院长后，院长高声叫道："你知道你这个决定对这家医院、对国家、甚至对你个人的前途会产生什么样的后果吗？"

"我知道，我们已对弗尼斯进行了最好的治疗，可惜他的身体状况并没达到手术的要求。我是一名医生，不是一名政治家，对任何病人我一视同仁，不管他的身份的高低。现在，我的职责就是让极其宝贵的心脏能在病人体内最好地发挥作用，让他们活得更长，所以我选择了坎贝尔。"麦克拉斯直视着院长回答道，字字句句斩钉截铁，掷地有声。"你不能这么做，你简直疯了，你犯了一个大错误。我已经答应白宫了，你叫我怎么向他们解释？"布里奇声嘶力竭地喊起来。

"我会向他们解释一切并承担一切后果，"他拿起话筒，"通知坎贝尔，他明天凌晨一点开始进行手术。"生命之光将在坎贝尔身上重现。

一个月后，弗尼斯那颗疲惫不堪的心脏终于停止了跳动。弗尼斯的死成了一条轰动全国的新闻，医院董事会迅速做出了解雇麦克拉斯的决定。麦克拉斯早就料到会有这样的结局，但他对自己的决定并不后悔。尽管失去了一切，但他却在巨大的压力下，始终坚持住了自己生活和行医的准则：正直和良心。

正直使人们具有坚持原则和正义的力量。这一点包括有能力去坚持你认为是正确的东西，在需要的时候义无反顾，并能公开反对你确认是错误的东西。无论何时，一个正直的人是不会违背自己的原则的，正是由于没有内心的矛盾，才给了一个人额外的精力和清晰的头脑，使他更容易获得成功。

正直是我们应始终坚持的做人根本，只有行得正，才能立得稳。永远做正直的人，永远做正确的事。做正直的人就是做一个坚持原则、尊重科学、实事求是的人；做正确的事意味着做代表大多数人利益的事，即个人利益服从团队利益。正直的人都是道德水准较高的人，他们具有很强烈的道德感，并且高标准地要求自己，随时准备服从自己的良知，勇于坚持自己的信念，在需要的时候义无反顾，不计较自己的利益得失，站出来表达自己的意见。

社会所需要的是"正直、诚实、坦率且言行一致的人"，如果你想自己的孩子将来成为一个对社会有用之人，就要从小培养孩子正直的品质，只有这样，孩子才能拥有足够多的支持与信任。

曾有一位生活拮据的女学生在高考中以优异成绩被某名牌大学录取。可她却为学费而忧虑，一家生产健脑口服液的企业获得这一信息后表示愿意出万元资助，条件是要她做一则电视广告，说是服了这家企业生产的健脑口服液头脑敏捷，才一举夺魁的。

一则几秒钟的广告可取得如此丰厚的报酬，以解燃眉之急，何乐而不为呢？可她却没有答应，她说："我家清贫，上中学的学杂费都是父母东拼西凑的，我从来没喝过口服液，也根本喝不起，是老师的辛勤教诲和自己的刻苦攻读，才取得这样好的成绩。如果我违心地做了这个广告，今后在社会上还怎么做人？"多实在的话！它折射出一个正直学生美好心灵的闪光。

万元资助，对一个家境贫寒而又急需钱用的学生来说是一笔诱人的数目，可她却毫不动心，断然谢绝。这一举动，展示着当代青年的崭新精神风貌和崇高的人生价值。

女大学生坚守自己的道德底线，以正直的做人行为，给社会带来了巨大的精神财富。最终，她交了一份质量很高的人生答卷，高考、做人两个满分。

正直就是诚实，前后一致，以负责的态度采取某种行动。我国古代圣人孔子认为："人之生也直。"认为一个人有了正直和正义，就有了做人的根本，正直应是人生的常态、常理，是做人的基本标准。

正直不是孤立的品格，它包含着善良、勇敢和无私。只有懂得善，才能分辨恶，只有勇敢才能直言不讳，只有无私才能坚持正义。正直的人会获得友谊、信任、钦佩和尊重，因为正直纯净得几乎脱离了声望、金钱、权力以及任何世俗的东西，只有获得它的人，才能体会它的真谛。

正直是美德的基石，对孩子来说是十分重要的。孩子在成长的过程，是人格形成的关键时期，也是正直品性养成的时间。因此，父母要重视孩子正直品性的养成。

1.教孩子学会实事求是

正直和诚实是绝对紧密相连的，违背事实就谈不上正直，而一切美好的道德都是以实事求是做基础的。作为父母，要教育孩子做到诚实、不说谎话。只有习惯于坦诚对待自己的人，才会形成正直的品质。

2.让孩子学会明辨是非

如果缺乏明辨是非的能力，对于世间的善恶对错都没有办法判断，更不要说成为正直的人。所以，父母从小就应该让孩子有是非观，尤其是面对很多对错问题的时候，必须要坚持自己做事的原则，这样才能引导孩子走向一个光明的人生。

3.为孩子树立榜样

俗话说："己不正，何以正人？"父母要从自己做起，加强自身的道德修养，做一个正直的人，起到正直的带头作用，在生活中坚持正直的言行，才能熏陶孩子也成为一个正直的人。

戒骄戒躁，培养孩子的谦虚品格

人们常说，"天不言自高，地不言自厚"。自古以来，谦虚是一种美德，更是一种人生的智慧。你可能也会有这样一种体会：越是谦逊的人，你越是喜欢找出他的优点；越是把自己看得了不起，孤傲自大的人，你越会瞧不起他，喜欢找出他的缺点。这就是谦虚的效能。

"谦虚使人进步，骄傲使人落后。"这是千年不变的恒言。曾国藩说："君子过人之处只是谦虚罢了。"谦虚是通往成功和赢得人们尊重的最重要的品质之一。生活中，那些才识、学问愈高的人，在态度上反而愈谦卑，希望自己能精益求精，更上一层楼。谦虚，就能听得进别人的意见、摆正自己的位置；相反，就容易居高临下，目中无人。所以，父母应教育孩子做到时时谦虚，处处谨慎。

近代科学的开创者牛顿，在科学上做出了重大贡献。他的三大成就——光的分析、万有引力定律和微积分学，为现代科学的发展奠定了基础。纵然他取得了令人瞩目的成就，但他从不沾沾自喜，自以为很了不起。

当年，牛顿费尽心血，算出"万有引力定律"后，没有急于发表。而是继续孜孜不倦地深思了数年，研究了数年，埋头于数字计算之中，从未对任何人讲过一句。后来，牛顿的朋友，天文学家哈雷（慧星的发现者），在证明一个关于行星轨道的规律遇到困难时，专程登门请教牛顿。牛顿把自己关于计算"万有引力"的书稿交给哈雷看。哈雷看后才知道他所要请教的问题，正是牛顿早已解决、早已算好的问题，心里钦佩不已。

在1684年11月的某一天，哈雷又到牛顿的寓所拜访。当谈到有关天文学的学术问题时，牛顿拿出论证"万有引力"的论文，请哈雷提意见。哈雷看后，对这巨著感到非常惊讶。他欣喜地对牛顿说："这真是伟大的论证，伟大的著作！"他再三奉劝牛顿尽快发表这部伟大著作，以造福于人类。可是牛顿没有听从朋友的好意劝告去轻易地发表自己的著作，而是经过长时间的一丝不苟的反复验证和计算，确认正确无误后，才于1687年7月将《自然哲学的数学原理》发表于世。

牛顿是个十分谦虚的人，从不自高自大。曾经有人问他："你获得成功的秘诀是什么？"牛顿回答说："假如我有一点微小成就的话，没有其他秘诀，唯有勤奋而已。"他又说，"假如我看得远些，那是因为我站在巨人们的肩上。"

这些话多么意味深长啊！它生动地道出牛顿获得巨大成就的奥妙所在，这就是站在前人研究成果的基础上，以献身的精神勤奋地创造，开辟出科学的新天地。

世界上只有虚怀若谷的求知者，没有狂妄自大的成功者。法国资产阶级启蒙思想家孟德斯鸠说过："谦虚是不可缺少的品德。"谦虚谨慎的品格，能使一个人面对成功、荣誉时不骄傲，把它视为一种激励自己继续前进的力量，而不会陷在荣誉和成功的喜悦中不能自拔，把荣誉当成包袱背起来，沾沾自喜于一得之功，不再进取。

谦虚是一个人必备的品格。对于一个成长中的孩子而言，从小具备谦虚的品质，可以帮助他一生获益。苏联科学家巴甫洛夫在给青年人的一封信中这样写道："无论在什么时候，永远不要以为自己已经知道了一切。不管人们把你们评价得多么高，但你们永远要有勇气对自己说：我是个毫无所知的人。切勿让骄傲支配了你们。由于骄傲，你们会在应该统一的场合固执起来。由于骄傲，你们会拒绝有益的劝告和友好的帮助。而且由于骄傲，你们会失掉客观的标准。"

刘峰是小学四年级的学生，学习成绩一直名列前茅，因此非常骄傲自大。在学校里，他处处都表现得非常"清高"，不太愿意和成绩不好的同学一起玩，觉得跟他们在一起实在没有什么意思。对于任课老师，刘峰也不太尊敬，他总觉得老师的水平不过如此，自己通过自学也能够学到很多知识。

不过，刘峰觉得最值得敬重的就是自己的爸爸了，因为爸爸常常会给刘峰介绍一些学习方法，讲一些关于名人名言的故事。因此，他非常喜欢和爸爸聊天，甚至会让爸爸看自己写的日记。

一天，刘峰在让爸爸看的一篇日记中表现出明显的骄傲，也体现了他看不起同学的思想，还提到了与语文老师之间发生的争执，原因是语文老师批评刘峰写作业不够仔细，而刘峰觉得老师是有意找他麻烦。

到了第二天，刘峰发现了爸爸写给他的字条："老师批评你，并不是因为看不起你，而是他希望你进步。因为他明知不批评你，你不会怨恨他；批评你则会招来你的怨恨，但是，他依然选择了批评你，原因就是他希望你进步，希望你谦虚。儿子，古语云'满招损，谦受益'，爸爸也希望你能谦虚。"

刘峰深受感触，从此以后，在爸爸的帮助下，他逐渐改掉了骄傲的毛病。

谦虚是孩子成长路上的朋友，而骄傲却是成功的敌人。人人都喜欢谦虚的人，而不会与自以为是的人为伍。所以父母要培养孩子从小谦虚的习惯，要让孩子戒骄戒躁，在谦虚中不断汲取知识，不断取得进步。

1.给孩子做出谦虚的表率

父母教育孩子学会谦虚做人，首先就要给孩子做一个谦虚的表率。父母如果骄傲自满、妄自尊大，孩子自然不知谦虚为何物。因此，父母要给孩子做出榜样，孩子看得多了，听得多了，自然就学会了父母谦虚做人的态度与行为。

2.不要轻易表扬孩子

心理学家认为，家长和社会对孩子过分的夸奖与肯定，很容易使孩子滋生骄傲情绪，认为自己是最优秀的。一旦这种骄傲情绪产生，再纠正就困难了。不可否认，表扬在一定程度上能够起到激励、支持孩子的作用，但是表扬多了，就会起到反作用。尤其是对一些比较优秀的孩子来说，表扬过多往往会导致孩子产生骄傲自满的心理。

3.给骄傲的孩子"泼点冷水"

有些孩子取得了一点成绩就得意忘形，认为自己了不起，给自己过高的评价，并且目中无人，这种骄傲自大的心理对孩子的成长是极为不利的。因此，父母一旦发现孩子骄傲的苗头，就应适当地运用"制冷"的手段，及时给孩子"泼点冷水"，让孩子清醒清醒，学会理性地评价自己，正确地认识自己。

4.让孩子虚心接受他人的批评

正确面对批评和意见正是谦虚的表现。但有的孩子只希望得到别人的赞扬，一听别人的批评就不高兴，甚至骂人。比如，说他懒惰、指出他作业中的错误，他就翻脸不认人，这是不谦虚的表现。所以，家长一定要教育孩子学会虚心接受他人的批评，批评往往是直指一个人的缺点，这些缺点正是下一步要提高改进的地方。要让孩子明白，别人提出批评或意见是为自己考虑，只有诚恳地接受这些批评意见，才能不断充实和完善自己。

第五章
提升孩子的学习能力，
就是提升孩子的领导力

给孩子提供良好的学习环境

给孩子提供良好的学习环境是帮助孩子养成好的学习习惯的重要因素。孩子的教育是从父母创造的家庭环境中开始的，父母应营造出欢乐的、充满爱的家庭环境，这是教育孩子的首要条件。

家庭是孩子生活的第一环境，是孩子进行多种有目的活动，获得相应的学习和锻炼，以及同家长、朋友发生相互作用的场所。孩子早期的家庭环境对其之后的发展是至关重要的。孩子的健康心理发展、良好个性与行为的建立以及智慧的开发都将在这个环境中形成。

中国科学院心理研究所王极盛教授对北京1800名学生的家长调查表明，孩子喜欢和羡慕的家庭是父母热爱学习，常与孩子一起学习，有敬业奉献精神的和睦、温馨、快乐、文明的家庭。因为这样的家庭能给他们以亲近感、安全感和轻松感，让他们自主地学习，快乐地成长，是他们走向成功人生的沃土。这个调查结果给我很大的启发：与孩子一起学习，做孩子学习的表率，做学习型家长，将亲子共学与亲子互动结合起来，营造适宜孩子成长的家庭学习环境，促进孩子全面发展，作为家长责无旁贷。

信息时代要求我们建立学习型家庭。无论父母做什么工作，都应该热爱学习，崇尚知识，让家庭充满学习气氛。孩子们一般喜欢并尊重有文化、有教养、好学上进、作风民主、举止文明、关系和谐的家长。特别是家长的学习兴趣在一定程度上会影响到学生的学习兴趣，从而间接地影响孩子的学习成绩。孩子生长在一种充满学习气氛的环境中，很容易萌发一种自发学习的需要，以至形成一种千金难买的自觉学习的行动。因此，家长应率先热爱学习，形成家风，以自己的言行熏陶子女。

一个人的隔壁住着父子两个人。每天晚上8~10点钟，家里的电视声儿没了，什么时候去这家，这家的父亲都在伏案写着什么，于是这位父亲是业余作家的名声就传了出去。后来他的孩子考上了北京某著名的学府，人们到他家祝贺，有人问"作家"，你写了那么多年，用什么笔名发表作品，有什么作品让我们拜读拜读。这位父亲很是惊讶，说："我一个小学毕业，谁给你们说我是作家呀？""那你每天在桌子上写的是什么呀？"父亲笑了，说："孩子学习我看电视那还行？我不看电视孩子想看也看不了。我坐这两个小时，孩子也能纹丝不动地学习两个小时。作为家长你得给孩子做出样子啊！"人们问他那么多年每天都在写，写的是什么。他说抄书啊，孩子的语文书，数学书，他都抄。人们恍然大悟。

有什么样的家庭风气，就会培养出什么样的孩子。给孩子营造一个热爱学习、积极向上的家庭氛围，一定会造就一个爱学习、求上进的好孩子。

家庭是孩子最亲切的生长环境，父母是孩子的第一任老师。父母要从自身做起，增加自己的文化内涵，努力为孩子创建一个良好的具有浓厚学习气氛的家庭环境。

很多家长都渴望孩子学习好，将来能考上大学。所以，父母一再叮嘱孩子要好好学习，可是自己下班回来就看电视、玩电脑、玩手机，到半夜十一二点还不肯休息；更有甚者，找人来家里玩麻将或喝酒聊天，把屋里搞得乌烟瘴气。在这种家庭环境中生活的孩子，他们能有学习的热情吗？他们的学习积极性能不受到影响吗？在这种家庭环境中，孩子的学习成绩一定不会太好。

古人说得好：近朱者赤，近墨者黑。对于很多不爱学习或学习吃力的孩子来说，家庭环境的影响是非常关键的因素。父母在教育孩子热爱学习的同时，一定别忘了审视自己，反思家庭环境对孩子的影响。

布莱克夫妇有三个可爱的孩子，都乖巧伶俐，学习很是自觉，布莱克夫妇因此深得邻居羡慕。

其实，孩子们良好的学习习惯是在布莱克夫妇的用心教育下逐渐养成的。布莱克夫妇很注重培养孩子的良好习惯。大儿子还很小的时候，布莱克夫妇就经常和儿子围坐在一张桌子上，教孩子画画儿和识字，养成一起愉快游戏并学习的习惯。

在他们有了第二个孩子以后，一起学习的好习惯仍然保持着，哥哥读书时，弟弟就在旁边画画儿，爸爸妈妈一有空就围在桌边跟他们一起学习。

之后，又一个小妹妹出生了，妹妹渐渐长大，也跟着哥哥们开始自觉地学习。当妹妹开始在桌上画画儿时，大哥哥就到另一张桌子上去独自学习。

看到哥哥每天独自一人学习，弟弟妹妹们也跟样学样。没过多久，老二也自己找了一张专用的桌子，每天主动地学习。之后，最小的妹妹也在两个哥哥的榜样作用下，找了一张自己的桌子，开始独自学习起来。

温馨的家庭生活和良好的家庭学习氛围是孩子成长的阶梯。如果家庭学习气氛浓厚，孩子就会不自觉地养成爱学习的好习惯。在这样的家庭环境中，孩子会自觉地模仿父母的言行举止，督促自己的行为，做到勤奋好学，教育的目的也会更轻松地达到。同时，在这种环境中成长的孩子往往具有较强的进取心和探求欲望，往往也能充分认识自我价值，其发现、探索和解决问题的能力可以得到较好的发展。

家庭教育的过程，实质上是与子女共同学习的过程，在这个过程中，父母要努力为孩子营造一个健康的成长环境。

1.为孩子营造温馨的家庭环境

家庭和睦美满，是孩子健康成长的基本前提。父母应该非常精心地营造一个令孩子身心健康成长的家庭人文环境。和睦温馨的家庭，会使孩子感觉到温暖，家对他有一种吸引力，让他愿意在家里待着。在这样的家庭里，孩子心理发展会更健康。所以，父母应该以自己的言传身教以及在生活中创造出来的每一个生活细节，让孩子沐浴在一派和谐、文明、健康、宽松的家庭气氛中。这是为孩子提供良好的学习环境的前提。

2.给孩子创造安静的学习环境

给孩子提供相对安静的家庭学习环境，家中不要有过多的噪声。例如，打麻将、看电视剧搞得惊天动地，又要求孩子安心写作业，这实在有点过分。所以，当孩子学习时，家人应尽量保持安静，电视机、收音机最好不开，如果在不同的房间，应把门关好，声音调小。说话不应大声，尤其不要吵架。

3.做孩子学习的榜样

"身教胜于言教"这是古训，是我国传统家教的重要经验，很值得现代人发扬光大。如果父母们平时少看一会儿电视，少聊一会儿天，少一次应酬，少玩一次牌，多读一点书，多看一份报，那么学习化的情境教育会潜移默化地影响孩子。就算父母不将"用心学习"挂在嘴边，只要以"学习"的实际行动去影响孩子，孩子也会逐渐变得有学习兴趣。

4.让家庭充满温馨和诗情画意

伟大的诗人歌德说过，"为了不失去神给予我们对美的感觉，必须每天听点音乐，天天朗读一点诗，天天看点画儿"。只要家长有这种意识，不难让家里的物质环境看起来具有诗情画意，但是更为关键的是家庭成员之间关系的融洽和精神上的和谐。实践证明，和谐的家庭更容易培养健康积极的孩子，而不健康的家庭很容易造成孩子心理上的问题，进而造成学习上的困难。所以，让家庭充满平和文雅的家庭氛围有助于孩子形成积极向上的学习态度，缓解孩子在学习过程中的焦虑，给孩子积极的生活暗示。

热爱阅读，培养孩子读书的习惯

　　读书是知识积累的最好方法，书是人的精神食粮。只有读万卷书，才能每临大事有静气，成就别人无法企及的大业。有一句话说得好：能闲世人之所忙者，方能忙世人之所闲。这里所谓的闲事，就是读书。

　　"书是知识的源泉，书是孩子的良师益友"，读书对一个人一生的发展非常重要，它不仅使人知识广博，更重要的是它能陶冶人的品德，使人的精神内涵更加丰富。正如莎士比亚所说的："生活中没有书籍，就像没有阳光；智慧中没有书籍，就像鸟儿没有翅膀。"

　　被人们誉为"生理学无冕之王"的巴甫洛夫在晚年总结自己所走过的道路时，常常带着感激的心情回忆起父母对他的培养与教育。他说："我总是感激我的父亲与母亲，他们教会我过简单朴素的生活，使我有机会接触到许多的书籍，从而获得良好的教育。"

　　巴甫洛夫的成才，是从一个破书架起步的。巴甫洛夫的父亲是一个穷教士，但他却喜欢非宗教神学内容的书刊，其中有各种自然科学的著作，也有民主主义者的革命刊物，为此，巴甫洛夫的父亲被当地的教徒教士们指责为"自由思想家"，父亲的嗜好给孩子树立了榜样。父亲的破书架成了巴甫洛夫接触社会与自然知识的起点。巴甫洛夫的父亲经常要求巴甫洛夫看书，并且要求每本书读两遍，读后要能够提出问题，思考答案。十三四岁时，巴甫洛夫在家中的破书架旁广泛阅读了俄国的许多进步书刊，这使他的知识大增，眼界大开，思想上也发生了很大的转变，他开始崇尚自然科学与民主精神。

　　巴甫洛夫15岁时在旧书架上翻到了英国生理学家路易斯的一本著作《日常生活的生理学》，这本通俗读物中的内容深深吸引了少年巴甫洛夫，激起了他对生理学的极大兴趣。从此，巴甫洛夫便和生理学结下了不解之缘，他将那本小册子像藏宝贝一样珍藏了一生。

　　英国哲学家培根说，"知识就是力量"，而知识的积累来自于阅读。读书是一种终身教育的好方法。在当今信息时代，知识的更新频率越来越快，阅读是人们了解社会的重要方式，也是人们认识社会和自然界的重要方式！

　　阅读是人类进步的最好途径，它对孩子一生的成长和发展都起着至关重要的作用。哈佛大学前校长艾略特说得好："养成每天用10分钟阅读有益书籍的习惯，20年后，思想上将有大改进。所谓有益的书籍，是指对身心健康成长有益的书籍，不管是小说、诗歌、历史、传记或其他种种。"

　　美国德罗瑞斯达博士，曾在加利福尼亚州的奥克兰小学调查5103名一年级的新生，其中有49个人在入小学以前已经在家里学过阅读。德罗瑞斯达对这49个孩子做了5年的追踪调查，发现与其他孩子相比较，他们的学习成绩一直保持领先的状态。这些提早学过阅读的孩子在智力上和个性上与其他的孩子并没有明显的差异。因此，他们在学习上处于领先地位并不是因为阅读以外的其他原因所造成的。

　　与此相似，德罗瑞斯达在美国纽约市也做了这样的追踪调查。他把孩子分成两组，这两组孩子的智力相当，但是一组孩子在入学以前学过阅读，另一组孩子在入学前则没有学过阅读。这个调查追踪了3年，德罗瑞斯达同样发现提早学过阅读的那一组孩子的学习成绩始终领先于没有提早学过阅读的孩子。孩子在入学以后最重要的技巧是阅读，阅读兴趣的浓淡、阅读能力的强弱都是孩子入学以后学习成绩优劣的先决条件。在孩子入学以前，就要注意培养孩子的阅读兴趣，训练孩子具备一定的阅读能力，有可能使孩子在小学低年级的学习中具有较强的竞争能力，获得优良的学习成绩。

　　读书，是一种爱好，也是一种习惯，只要从小培养，书就会成为孩子最知心的朋友，有利于提高孩子的语言能力和思维能力，帮助孩子更好地学习与成长。

中国一代文学巨匠巴金先生小的时候，他的母亲就很注意培养他的阅读能力。

母亲经常教巴金背诵古代诗词。"多少恨，昨夜梦魂中。还似旧时游上苑，车如流水马如龙，花月正春风！"母亲把这样文字优美、意境深刻的诗词，像念儿歌一样念给儿子听。小巴金也像学儿歌似的跟着母亲读，尽管还不明白这些诗词的意思，但他却十分用心地学。

母亲似乎有永远也教不完的东西，她常常用一些白纸订成好几本小册子，每天从诗集中抄写一首诗词写在小册子上，然后发给巴金和其他儿女。那一行行隽秀的文字，整齐地排列在小册子上面，让孩子们有了舒服的感觉。每天晚上，母亲都要把孩子们叫到身边，让他们排成一排站着，手里捧着小册子。在昏暗的灯光下，母亲用温柔的声音给他们读着这些词句。母亲先是一个字一个字地教，然后，再把一整句诗词连起来教，并为孩子们讲解其中的含义。等他们全读懂后，母亲就拿出印泥让孩子们在学过的那首诗词上做标记。第二天晚上，母亲又会把孩子们召集到一起，温习前一天学过的诗词，然后再开始教新的诗词。这就是巴金最早接触文学，他至今还记得那白纸上一个个娟秀的小字。

母亲的教育方法毫不死板，而且和颜悦色，很少发脾气。这使巴金从来没有感觉到学习的压力和苦楚，而是非常轻松愉快地和母亲共同徜徉在文学的海洋之中，从此以读书为乐，他说："我们从没有一个时候觉得读书是件苦的事情。"

母亲用自己的一言一行影响着巴金，使得巴金从小就接受了文化的熏陶。也许正是童年时代的这种美好的读书经历，让巴金喜欢上了读书，渐渐地走上了文学之路，成为享誉海内外的文学大师。

阅读是获得知识的主要渠道，80%的知识是通过阅读获取的，所以，培养孩子从小爱阅读的习惯很重要。阅读是一种终身教育的好方法。

引导孩子爱读书是每个父母的责任，孩子一旦对读书产生了浓厚的兴趣，就会燃起求知的智慧之火，这样，你就为孩子的成功铺设了一条道路。

阅读能力是一种综合能力，它不是一朝一夕可以形成，而是循序渐进的一个过程。孩子由于受年龄、知识和生活环境所限，不论在阅读习惯、方法和材料等方面都会遇到很多困难，而父母作为孩子的第一任教师，就成为孩子阅读的启蒙者。因此，父母要担负起阅读教育的职能，培养孩子广泛的阅读兴趣。

1.激发孩子的阅读兴趣

兴趣是最好的老师，有了兴趣，做任何事情，你都会主动去做。没有兴趣，想做好一件事情是很难的。培养孩子读书也是这样，只有培养了孩子的读书兴趣，孩子才能主动去读书，从丰富的书籍中去汲取营养，丰富自己，充实自己，不断提升自己的素质。

2.陪孩子一起阅读

吉姆·崔利斯的《朗读手册》上，有这样一段话："你或许拥有无限的财富，一箱箱的珠宝与一柜柜的黄金，但你永远不会比我富有——我有一位读书给我听的妈妈。"的确，陪孩子一起阅读，是父母给孩子最宝贵的财富，可以给孩子的一生留下美好、温馨的记忆。

父母与孩子一起读书，在教育上称为亲子阅读，这能为孩子带来丰富的知识，陶冶孩子的性情，帮助孩子全面发展。同时，在这个过程中，孩子也会和父母之间建立一种良好的关系，双方更容易理解，更容易沟通，能享受更多成长的乐趣。

3.让孩子自己选书

著名作家余秋雨曾说："老师和家长在不知道孩子兴趣的前提下，不要硬性地给孩子开出书目，使孩子失去阅读兴趣。"的确，家长强行干预孩子看书的行为只会导致孩子丧失读书的兴趣。一般说来，从上小学开始，大部分孩子在阅读内容的选择方面已逐渐形成自己的爱好和兴趣。对此，家长应注意观察、了解和引导，不宜过多地干涉。如果你想要孩子完全按照你的计划阅读，那注定不会长久。所以，父母千万不要强行干预孩子看哪方面的书，而是要给孩子选书、看书的自由。让孩子自己选书，就是在培养孩子自主阅读的兴趣。

4.帮孩子掌握读书的方法

目前，很多孩子未能掌握有效的读书方法。比如，无论什么书籍，都是一字一句地看完。其实即使是有很多空闲时间的成年人，也无法做到这一点，更何况是身负繁重学业的孩子？因此，家长必须帮孩子掌握科学的读书方法。明白哪些书需要精读，哪些书可以泛读，哪些书则只需要浏览。只有这样，才可以提高读书效率，利于健康成长。

首先是浏览。课外书籍很多，不可能每一本都仔细阅读。拿到一本书先要粗略地浏览一遍，了解其梗概，看看是否适合自己学习需要，尽快决定取舍，避免无效劳动。在浏览决定之后，对需读之书，先用较快的速度粗读。目的是了解大致内容，看看书中讲了些什么，做到心中有数。粗读时对书中的难点、疑点做上记号，不作深究。粗读后认为有价值的书，再认真细致地阅读，深入思考研究。如果认为没有必要重读，此时也已从书中获得了不少知识。对需要重读的有价值的好书，就要认真细致地阅读，把握书中的重点，弄懂疑难之处。阅读时要多设疑问，多问几个"为什么"，再想方设法解决疑问，直到所有疑问全部解决为止。这是读懂一本书的重要环节，也是培养独立思考能力的方法。

5.引导孩子阅读经典名著

英国著名学者布尔韦尔·利顿说："在科学著作中，最好读最新的书；在文学著作中，最好读最老的书。古典文学作品永远不会衰老。"经典文化都是世界历代文人和学者的绝世之作，经过几千年的大浪淘沙留下来的脍炙人口的作品。如果我们的孩子经常阅读这些经典名著，让孩子们的心灵与大师们交流、碰撞，让他们深切地感受到文字里所蕴藏着的瑰宝，他们本身的素质从小就是高起点、高标准地迈开了人生的第一步。所以，家长要引导孩子读一点经典名著。

激发兴趣，让孩子爱上学习

爱因斯坦曾说过："兴趣是最好的老师，真正有价值的东西，并非仅仅从责任感产生，而是从对客观事物的爱与热忱中产生的。"我国古代著名的教育家、思想家孔子也曾说过："知之者不如好之者，好之者不如乐之者。"苏联教育学家斯卡特金认为："教育效果取决于学生的学习兴趣。"这都充分说明了兴趣对于学习的重要作用。兴趣能够调整更多的精力在某一方面。如果你把兴趣调整到学习上，无论付出再多辛苦，也能甘之如饴。

日本著名教育学家木村久一曾经说过："如果孩子的兴趣和热情得以顺利发展，就会成为天才。"遗憾的是，许多父母在对孩子进行早期教育的过程中，往往忽视了对孩子兴趣的培养，在孩子的许多兴趣刚刚萌芽时便将它无情地扼杀了。

研究表明，孩子童年时期的兴趣，在一定程度上决定了孩子未来事业发展的方向。孩子对某些事物的浓厚兴趣，往往会成为他在该方面取得成功的向导。

莫里哀的父亲是位商人，他希望儿子能继承他的事业。但莫里哀却对经商毫无兴趣，而对戏剧则异常地痴迷。古希腊、古罗马等著名剧作家的剧本成了他的精神食粮。他废寝忘食地阅读，并走上舞台，演出戏剧。

父亲为此严厉地责备他，并请老师出面规劝他，但莫里哀痴心不改。他诚恳地告诉父亲，他对经商没有兴趣，他喜欢戏剧。父亲见儿子这样醉心戏剧，也就不再勉强。莫里哀后来创作了许多优秀的剧本，终于成为世界著名的剧作家。

　　兴趣是最好的老师。浓厚的兴趣可激发强大的学习动力，使孩子自强不息，奋发向上。兴趣是人对客观事物的一种带有情绪色彩的认识倾向。一旦孩子对某一事物产生兴趣，强烈的求知欲就会进一步促使孩子主动学习，取得事半功倍的效果。

　　事实表明，一个孩子如果做他感兴趣的事，他的主动性将会得到充分发挥。即使是十分疲倦和辛劳，也总是兴致勃勃、心情愉快；即使困难重重也绝不灰心丧气，而是去想办法，百折不挠地去克服它。如果让孩子去学他感兴趣的知识，学习的时间也许很长，但他丝毫不觉得苦，反倒像是在做游戏。

　　学习兴趣是孩子对某种未知事物的一种求知欲，是一种积极对待学习的情绪状态。学习兴趣是可以帮助孩子满足想要研究或者获得某种知识的一种精神力量，如果他在学习的过程中，对某个学科产生了兴趣，那么他就会专心致志地去学习它，从而提高自己的学习成绩。

　　兴趣是孩子认真学习的持久动力。对学习有兴趣，便能产生强烈的参与意识，把学习当作一件快事，乐此不疲，学习效果自然就好；反之，如果对学习不感兴趣，学习效果就差。由此可见，激发孩子的学习兴趣对学习是多么重要。

　　美国的莱特兄弟成长和成功的历程是一个跟兴趣有关的故事，它表明了兴趣对于孩子成才的重要性和有效性。

　　"飞机之父"莱特兄弟在很小的时候就对宇宙空间产生了浓厚的兴趣。每当看到在夜空中高悬的圆月，他们以为是近在咫尺，就想用手去摸一摸。于是，他们常常爬到树枝上，踮起脚尖去摸月亮，结果，常常重重地从树上摔下来。当他们的爸爸知道这件事后，不但没有骂他们是傻孩子，反而鼓励他们说："孩子，骑一只大鸟，去摸摸月亮吧！"

　　父亲的一席话激发了莱特兄弟对于太空探索的浓厚兴趣。从此，一种"腾空摘月"的理想便在他们的心灵中萌发了。他们渴望着早一天制造出这样一种神鸟，骑着它去摘那又大又圆的月亮。正是在儿时萌生的天方夜谭般的神话奇想和浓厚兴趣，引导着他们走上了一条航空科学的道路。1903年，在两兄弟的刻苦钻研下，闻名于世的首架飞机终于研制成功了，他们真的驾着自己制造的飞机翱翔于万里碧空，去摘取他们心中又大又圆的月亮。

著名行为学家伯特·杜邦博士说："兴趣是打开潜能的钥匙。"父母教育孩子的目的，就是要把孩子培养成为一个有能力和一个有创造成就的人。兴趣能为孩子打开能力之门，父母所要做的就是去发现孩子的兴趣，让兴趣引领出孩子无限的潜能。

1.发现孩子的兴趣点

要培养孩子的广泛兴趣，鼓励孩子接触多方面的事物，从而获得"广博的知识"。在广博知识的基础上，注意发现孩子的特殊爱好，使其在某一方面有所专长。当孩子作出选择后，要鼓励他保持恒心，不使他半途而废、一事无成。

2.尊重孩子的兴趣爱好

俄国教育家乌申斯基曾指出："没有丝毫兴趣的强制性学习，将会扼杀孩子探求真理的欲望。"对于孩子的正当兴趣，父母要正确地加以引导，千万不要将自己的欲望强加于孩子，逼迫孩子去发展自己不喜欢的兴趣。比如，有的父母自己对音乐感兴趣，就非要逼着自己的孩子去学钢琴，而孩子又不喜欢。这样是不可能学好的。所以，父母应该尊重孩子的意愿，从孩子的兴趣出发，让他们自由选择学习方向。即使孩子的某种兴趣爱好可能与父母的期望有差距，但只要是正当的爱好，就应该尊重孩子。因为孩子在做自己喜欢的事情时，他的创造力和潜力才有可能得到充分的发挥，他的专注、认真、持之以恒的习惯和意志品质也可以得到锻炼，这有利于孩子的成长。

3.给孩子的兴趣以引导和鼓励

研究表明，孩子的天赋能否得到发展，决定性因素在于父母能否为孩子提供足够的支持和帮助，作为孩子的指导者，父母有一个非常特殊的功能，一旦孩子感兴趣的事情得到了父母的支持和鼓励，他就有很大的信心坚持下去，如果不鼓励孩子，甚至批评孩子，那么就会如昙花一现迅速枯萎。所以，家长在发现孩子的兴趣后，最重要的是给孩子以引导、帮助和鼓励。

4.留出培养兴趣的时间

培养兴趣需要时间，家长必须为孩子做出安排，同时允许孩子自主地发展自己的兴趣，父母只是提供必要的帮助和引导。如果每天能有一个小时用来发展自己的兴趣，那么这就会成为孩子每天最大的快乐，为了赢得这份快乐，他会愿意在课程学习上，付出更大的努力。

让孩子养成良好的学习习惯

在所有的习惯中，学习习惯是非常重要的，因为人的一生中，无论工作还是生活都离不开学习。只有热爱学习、善于学习的人，生命才能放出异彩，才能在事业上不断获得成功。

所谓学习习惯，是在学习过程中经过反复练习形成并发展，成为一种个体需要的自主的学习行为方式。对孩子来说，养成良好的学习习惯，有利于激发他们学习的积极性和主动性；有利于形成学习策略，提高学习效率；有利于培养自主学习能力；有利于培养他们的创新精神和创造能力，使他们终身受益。

刚上第一节课，小亮的妈妈又来给他送文具了。这已经数不清是第几次了。小亮的妈妈经常向老师抱怨：小亮在家里总是玩够了才写作业，并且一会儿上厕所，一会儿喝水，一会儿削铅笔，一会儿找橡皮；自己的东西到处乱丢，经常找不到所需的文具；从不提前整理书包，结果每天匆匆忙忙，不是丢这个就是忘那个。老师也常向小亮的妈妈反映情况：小亮上课总是小动作不断，咬铅笔、割橡皮、画漫画；写作业时磨磨蹭蹭，总得别人提醒；下课只顾玩，上下一节课时什么都没准备，手忙脚乱……

其实，小亮的这些表现都源于不良的学习习惯。不良的学习习惯在很大程度上会影响孩子的学习活动，如果一个孩子没有养成良好的学习习惯，这个孩子的学习成绩也一定不会好。

良好的学习习惯，是学习活动顺利进行的保证。著名教育家叶圣陶说过："中小学的根本任务就是培养学习的习惯。"作为教师和家长的重要任务之一，就是要培养孩子良好的学习习惯，抑制和消除不良的学习习惯。

有一个老师的孩子去上海参加一个全国性的竞赛，带队的老师回来后很有感慨地说了一件事：那天在轮船上，晚餐后，同学们都在甲板上观看风景玩去了，过了一会儿，没经任何人提示，也没经任何人要求，该做功课的时候了，那个老师的孩子就独自到船舱里拿出书本，旁若无人地开始学习起来——带队的老师感慨道：那就是习惯。

陈鹤琴先生曾说过这样一句话："习惯养得好，终生受其益，习惯养不好，终生受其累。"可见，习惯培养对人的一生是何等的重要。如果孩子能够在少年时期养成良好的学习习惯，那么他便会将追求知识、努力学习当成生活中重要的事情来对待。学习习惯一旦形成，便会日积月累地对孩子的学习产生影响。良好的学习习惯会使孩子向好的方向发展和变化，而不良的学习习惯则会使孩子丧失学习的热情，延误个人的发展。所以，明智的家长应该知道，良好的习惯将成为孩子成功的必要条件，将是他一生的财富。

1.让孩子养成勤奋学习的习惯

勤奋是成才的钥匙，是成才的第一推动力。具备了勤奋这种可贵的品质，孩子就会自强不息、顽强奋斗，就等于成功了一半。勤奋不仅包括了学习时的态度，也包括学习专业知识时注重的深度和广度，还包括广泛涉猎教科书以外的知识。一个孩子掌握知识的多与少，完全取决于他的勤奋程度。所以，家长应从小教育孩子拥有勤奋好学的优良品质。

2.帮孩子养成专心致志的好习惯

有些孩子自制能力较差，注意力不容易集中，因而家长应严格要求并经常提醒孩子在上课时，一定要用心听讲，聚精会神，不要做小动作，更不要说话影响别人听课。回到家时要给孩子创造一个适合孩子学习的环境，让孩子养成放学后及时做作业，按规定时间完成作业之后再做其他事情的好习惯。如果孩子做作业的习惯不好，家长最好是在旁陪做，这样做的好处就在于可以督促孩子把作业写工整，养成作业做完后，能把学习用具、书包整理好的好习惯。

3.培养孩子认真完成作业的好习惯

认真完成作业是一个良好的学习习惯，足以让孩子终身受益。一个不认真完成作业的孩子必然做事马虎，也不能形成谨慎的学习态度。因此，父母应该指导孩子养成每天一回家就做作业，做完作业再玩的习惯。父母应该告诉孩子：写作业时应该专心致志，不能三心二意，更不能在未完成作业时邀请同学或者朋友来家里玩；写作业时应该认真进行思考，对于自己不懂的地方不能蒙混过关，要及时向父母请教；写作业时态度要端正，书写要工整。

4.让孩子养成课后复习和课前预习的习惯

作为家长应注意孩子对新旧知识的掌握情况，有计划有目的地指导孩子复习，并做好复习检查工作，培养孩子良好的复习习惯，使知识系统化、连贯化。另外，还要指导孩子对即将学习的课程进行预习，这样孩子就能在上课时有的放矢地突破重点、难点，有利于新知识的接受。

5.指导孩子养成合理安排时间的习惯

合理安排时间既能反映出一个人的学习和生活态度，也可以使孩子赢得更多的时间来学习，它是一个良好的学习习惯。很多孩子没有时间观念，总是感觉时间不够用，他们每天并没有做什么事情，不知道时间花在哪里了。对于那些没有时间观念的孩子，父母可以在与他们协商后制定一份科学合理的时间安排表，并且设置一定的奖惩措施，促使孩子在规定的时间内完成任务，培养他们合理安排时间的良好习惯。

增强孩子的记忆力，让学习更轻松

记忆是人脑对经历过的事物的一种反映，是感知过的事物在人脑中留下的痕迹。

记忆，是学习的重要环节，是巩固知识的重要手段。科学记忆，有利于提高学习效率，有利于加速知识积累。如果家长想要孩子提高注意力和学习成绩，加速知识积累，就要让孩子学会科学记忆。

记忆力是人脑的记忆能力，是人脑对于已知的经验、知识、心理体验和各种社会活动的识记。学习任何科学知识，都离不开记忆，而学习的最大障碍莫过于记忆力差。较强的记忆力能够迅速地、准确地、持久地掌握学习过的知识和技能，也能比较好地理解、运用这些知识和技能。

有一位妈妈这样说：

女儿现在读小学四年级，她最近总是说自己"记不住东西"。听女儿讲，她背课文的时候，记得特别慢，别人10分钟能背下来的内容，她要半小时才能记下来。有时候好不容易记下来的内容，女儿一紧张或者时间一长就会忘掉。因为记忆力不好，虽然女儿学习很努力，但是她的成绩一直都在中等位置徘徊。

孩子记忆力差直接影响学习成绩。许多父母以为孩子记忆力不佳是资质比较愚钝，其实不然，大多数孩子记忆力差，是因为没有掌握记忆的规律，缺乏正确的记忆方法。只要我们有意识、有目的地加以培养，任何健康的孩子都是能够提高记忆力的。

美国哥伦比亚大学心理学教授伍德沃恩曾进行过一项实验，他将记忆力相仿的人分成两组，第一组依靠简单的背诵方式完成一项记忆任务，而第二组先接受记忆方法的训练，再完成与第一组同样的记忆任务。结果，掌握正确记忆方法的一组，记忆效果远比另一组好得多。这个实验说明，人的记忆能力的差距，在很大程度上取决于人的记忆方法，好的记忆方法，可以提高人的记忆能力。

明朝时期，有个著名的文学家张涛。可说到他小时候的学习是很不理想的，因为他的记忆力连一般的小孩子都不如，常常是过目即忘。

有一天上课，先生叫张涛起来背诵文章。可张涛没有背下来，结果先生很气愤，就让他回去把文章抄十遍！

张涛回到家后，就在书房里抄了起来。第二天先生又让他接着背昨天的文章。结果他一字不错地背了下来。后来，他想我昨天并没有背书，可为什么就能脱口而出呢？难道是因为我抄了十遍书的缘故？于是和昨天一样，他先把文章诵读一遍，然后再开始抄。当他抄到第七遍的时候，他不仅已经领略了文章的意思，而且还能够熟练地背诵了。这样，他终于找到了适合自己的提高记忆力的办法。

可见，学习是一个记忆的过程，而好的记忆方法能让学习变得简单而快乐。父母如果有意识地教给孩子一些科学的记忆方法，会使孩子达到事半功倍的记忆效果。所以，家长应结合孩子的具体情况加以总结和归纳，从中找到最有效的记忆方法。这样，才能最大限度地运用记忆辅助孩子的学习，提高学习效率。

孩子记忆力的好坏很大程度上取决于记忆方法。因此，为了提高孩子的记忆力，父母一定要在记忆方法上下功夫，加强孩子这方面的训练。

1.科学用脑

在保证孩子营养、积极休息、进行体育锻炼等保养大脑做法的基础上，让孩子科学用脑，防止过度疲劳，保持积极乐观的情绪，能大大提高大脑的工作效率，注意力要集中，学习时不能精神涣散，这是增强记忆力的关键所在。

2.把理解和记忆结合起来

只有理解了的东西，才能更深刻地感知它和记牢它。在心理学上，这是指机械识记与意义识记的结合。背诵一篇课文，如果懂得了文章的意思以后再背诵，会比单纯的死记硬背效果要好，因此，父母要教孩子学会理解记忆。

3.遵循记忆规律，及时复习

记忆与遗忘是对立统一的，人的遗忘是有规律的，表现为最初遗忘得较快，几天后会重新想起来，以后逐渐慢慢地遗忘。因此，在遗忘之前，家长必须要提醒孩子及时复习，以便提高记忆的持久性。首先，要有简练的复习提纲，依纲复习，"纲举目张"；其次，要将及时复习、集中复习、分散复习相结合。

4.教给孩子一些有效的记忆方法

父母在日常生活中应该有意识地给孩子安排一些有利于增强记忆的刺激，培养记忆的能力。下面是几种提高孩子记忆力的方法：

（1）联想记忆法

联想是由于两个或几个刺激物同时或连续地发生作用而产生的暂时神经联系。简单来说，联想就是头脑中从一事物想到另一事物的心理活动。例如，淝水之战发生于公元383年，通过"淝"字可联想到"肥胖"，由"肥胖"想到"胖娃娃"，而8字的两个圆正好是胖娃娃的头和身体，两个3字则是两个耳朵。这样一想就记牢了。

（2）口诀记忆法

对某些知识编成朗朗上口的口诀，能有效地记忆。例如，对于二十四节气，人们编成"春雨惊春清谷天，夏满芒夏暑相连，秋处露秋寒霜降，冬雪雪冬小大寒"来记忆。这在各门学科中的应用亦有不少，还可以自己去创造。

（3）交替记忆法

长时间单调地记忆某一门知识会使大脑产生疲劳，效果也不好。如果采取交替记忆的方法就能够有效地延长记忆的时间。例如，用脑和体育活动交替进行。这种交替记忆方法能提高记忆的效率。

（4）重复记忆法

即让孩子反复重复来巩固记忆。这种方法更适用于年幼的孩子，家长完全不必担心孩子会对此产生厌恶情绪，因为孩子本来就喜欢重复。同一个故事他可以百听不厌。当然在重复的时候，我们可以采取一些变化的手段。比如，边讲故事边做些手势，或者在叙述故事时向孩子提几个问题，甚至可以让孩子接着讲，以提高孩子的兴趣，提高记忆的效果。

（5）形象记忆法

孩子的思维喜爱具体的形象，有非常强的直观性。所以，家长在帮助孩子记忆的时候，可以用图像、模型、照片或放影碟等能够提供形象的方式，来帮助孩子在较短的时间内记住知识。

（6）协调记忆法

协调记忆也就是调动多种感觉器官一起行动。比如，让孩子的脑、眼、手、口、耳和鼻，接受同一种对象的刺激，使孩子大脑皮层的各个相应区域一齐兴奋起来，建立多种方面的信息联系。这样，相联系的通路多了，大脑皮层就能留下特别深的"痕迹"，孩子的记忆就会更加牢固。

（7）兴趣记忆法

因为兴趣能使孩子集中注意力，吸引孩子对事物认真地观察和积极地思考。另外，良好的兴趣和情绪状态能够激发脑肽的释放，脑肽对人的记忆和学习有着重要的作用。

（8）早晚记忆法

因为夜晚环境安静，注意力容易集中，有助于接受信息，加深印象。早上经过了一夜的休息，头脑比较清醒，接受信息时印象也比较清晰，同样也容易记得牢。不过早晨记忆，短期的效率比较高，从长期来看，效果不是很好。所以，家长在培养孩子的记忆力的时候可以根据孩子的具体情况，科学地安排时间。

5.鼓励孩子尝试不同的记忆方法

孩子需要记忆的知识五花八门，不是用一种记忆方法就能全部解决的。父母应当鼓励孩子多尝试不同的记忆方法，能收到事半功倍的效果。

让孩子拥有独立的思考能力

所谓独立思考，就是积极主动地思考，具有新颖性、创新性的特点。它不依赖于或不盲从于他人的思想，而是在自主地、创造性地认识世界和改造世界的活动中提出独到的见解。

苏联著名教育家赞可夫说："教会孩子思考，这对孩子来说，是一生中最有价值的本钱。"一个孩子能否成才，最关键的还是在于从小能否进行有效的思考能力的锻炼。纵观世界上那些有杰出贡献的人，他们都有一个共同点，那就是善于思考。

人的思考能力是自己唯一能完全控制的东西，没有正确的思考，就不会有正确的行动。古今中外那些成大事者都养成了勤于思考的习惯，善于发现问题、解决问题，不让问题成为人生的难题。可以说，任何一个有意义的构想和计划都是出自思考，思考可以支撑起人生。但敏锐的思维不会从天上掉下来，而是需要严格的训练和培养的。所以，培养孩子的独立思考能力是每一位父母必须牢牢把握的家教关键，是诸多教子课题的"重中之重"。

有一次，美国电视台的著名主持人比尔问一个七八岁的女孩："你长大以后想做什么？"女孩很自信地答道："总统。"全场观众哗然。比尔做了一个滑稽的吃惊状，然后问："那你说说看，为什么美国至今没有女总统？"女孩想都不用想就回答："因为男人不投她的票。"全场一片笑声。比尔："你肯定是因为男人不投她的票吗？"女孩不屑地说："当然肯定。"比尔意味深长地笑笑，对全场观众说："请投她票的男人举手。"伴随着笑声，有不少男人举手。比尔得意地说："你看，有不少男人投你的票呀。"女孩不为所动，淡淡地说："还不到三分之一。"比尔做出不相信的样子，对观众说道："请在场的所有男人把手举起来。"言下之意，不举手的就不是男人，哪个男人"敢"不举手。在哄堂大笑中，男人们的手一片林立。女孩露出了一丝轻蔑的笑意："他们不诚实，他们心里并不愿投我的票。"许多人目瞪口呆。然后是一片掌声，一片惊叹……

这是一个典型独立思考的事例，女孩在没有任何人提示或帮助的情况下，凭借自己的判断和思考，对主持人的提问从容作答。这种独立思考的能力正是许多中国孩子所欠缺的。

在哈佛大学，独立思考是第一教育原则。哈佛大学的教授在选择学生的时候并不以学生毕业于什么学校和考试成绩论英雄，而是更看重学生独立思考和解决问题的能力。

哈佛的学生一入校就会一遍又一遍地听到这样的话："你们到这里，不是来发财的。你们到这儿来，为的是思考并学会思考！"

于是，经常有刚入学的新生问自己的导师："教授，独立思考到底是指什么呢？"

教授们通常会说："所谓独立思考，是指思维的主体——也就是你们，在进行思考时，不拘泥于过去的经验，不迷信权威，不屈从压力，不去扭曲思维和实践的规则，而只坚持实事求是，遵循真理。"

学会独立思考，对一个人成长极为重要。美国伟大的科学家爱因斯坦说过："学会独立思考和独立判断比获得知识更重要。不下决心培养思考习惯的人，将失去生活的最大乐趣。"中国数学家华罗庚对思考也有过精辟的论述："独立思考能力是科学研究和创造发明的一项必备才能。在历史上任何一个较重要的科学上的创造和发明，都是和创造发明者的独立地深入地看问题分不开。"

独立思考的习惯对孩子的一生有着重大影响。如果孩子拥有独立思考的能力，就会善于发现问题，能够通过思考、分析找到答案，就会取得好的学习成绩。而孩子长大后，因为有独立思考的习惯和品质，他的视角会比别人宽广，思维也会更加缜密。因此，具有独立思考能力的人，将比其他人有更多的机遇，更容易拥有成功的生活和事业。

美国物理学家雷恩沃特小时候非常善于思考，他能够从其他人熟视无睹的事物中想到一些更深层的问题。

雷恩沃特上小学的时候，在一次语文课上，老师问道："同学们，你们说1加1等于多少？"

"等于2！"同学们异口同声地回答。

只有雷恩沃特呆呆地看着老师，没有回答。

老师有点疑惑，就问他："雷恩沃特，你怎么不回答呢？难道你不知道这个问题的答案吗？"

雷恩沃特想了想，对老师说："老师，我不是不知道1加1等于2，但是，您为什么要问我们这样一个简单的数学题呢？您是不是有其他的答案？"

听了雷恩沃特的话，老师感到非常高兴。因为，老师提这个问题的目的被雷恩沃特言中了！老师微笑着对大家说："同学们，雷恩沃特说得没错。从数学的角度来说，1加1等于2，但是，从其他角度来说，1加1未必等于2。就像我们今天要学的这篇文章里所说的，两个人互相帮助，两人的力量就大于他们单个人力量之和。所以，我们要互相帮忙，互相关心，做个乐于助人的人。"

一个孩子能否成才，最关键还是在于是否从小具有良好的思考能力。思考习惯的养成对于孩子以后思维方式的形成以及知识的积累都有很重要的作用。正如美籍华人科学家杨振宁所说："优秀的学生并不在于一定要有优秀的成绩，而在于有优秀的思维方式。"

独立思考是自我研究、自我解决问题的一个重要途径，让孩子在自我研究中去体验、去感悟，久而久之，孩子独立思考、解决问题的能力就能得到提高，这将为孩子的终身发展，乃至于将来干出一番大事业奠基。作为家长，应该利用各种机会，培养孩子独立思考、分析问题、解决问题的习惯。

1.给孩子独立思考的机会

生活中，有些孩子在遇到疑难问题时，总希望父母给他答案。如果父母对孩子有问必答，虽然解决了孩子当时的问题，但从长远来说，孩子会养成依赖父母的习惯，遇到问题时不会独立思考，不会自己去寻找答案，这对发展孩子智力没有好处。因此，家长要多给孩子独立思考问题的机会，引导孩子独立思考。例如，当孩子学习中遇到困难时，家长不要直接告诉孩子答案，而是要引导孩子自己去寻找答案，多在"点拨"上下功夫，或教给他思考的方法，或在关键处适当地提醒一下，让孩子去观察和动手验证，给孩子留有思考的余地，这样孩子便会逐渐养成良好的习惯，有利于提高孩子独立思考能力。

2.启发孩子多角度思考问题

在日常家庭生活中，要经常引导孩子多角度看待事物和分析事物，逐渐养成换一种思路思考的好习惯。这样可以防止定向思维的形成。其实，社会生活和家庭生活中的每一种事物，都可以作为启发孩子多角度思维的内容。多角度思考问题，实际上就是进行发散性思维的训练。培养发散性思维是培养创造能力的前提。因此，家长要注意从小引导和培养孩子多角度思考问题的能力。

3.鼓励孩子敢于质疑

敢于质疑意味着独立思考，挑战权威。父母要鼓励孩子敢于对一些习惯的传统怀疑，不迷信专家权威，不盲目相信书本，对事物存有怀疑精神；敢于提出各种问题，甚至包括一些当前看来近乎"荒唐"的问题。另外，父母还应该重视孩子的质疑，耐心倾听孩子的提问，并启发和诱导孩子自己去解开疑问。

4.鼓励孩子表达自己的意见

孩子在任何情况下都应当被允许表达意见，这对孩子思考能力的发展是至关重要的因素。生活中，父母要鼓励孩子敢于发表自己的看法，对于孩子的正确意见，我们要先肯定、表扬，让孩子增强发表意见的信心。孩子受到了鼓励，以后就会积极主动地去进行思考了，这样也就达到了父母培养孩子思维能力的目的。

培养自学能力，让孩子快人一步

所谓自学能力，就是自我学习的能力，是指不依赖教师、家长，通过独立学习、钻研而获取知识的能力。这是一种十分重要的能力。它不仅可以在课堂上帮助孩子自己能够更快、更好地接受老师传授的内容，而且回到家里更能够进行自发的、自主的学习。孩子有了一定的自学能力才能获得广泛的知识，才能学得更灵活、更扎实。

自学能力是一个最重要的学习能力，而我们现在的孩子，大多数都不具备自学意识，懒于自学，再加上父母也习惯于什么都教给孩子，孩子一有什么难题，就请父母教。长期以往，孩子不习惯于自己去寻找答案，导致孩子一直处于一种被动的状态，惰性越来越顽固，越来越依赖父母和老师，这对孩子将来的发展是很不利的。

媛媛是个初二的学生，她是个典型的乖乖女，一切都顺从妈妈的指令，妈妈让她做什么她就去做什么。生活上如此，学习上更是如此。在家里，她严格按照妈妈给她制订的时间表来完成学习任务。

有一次，妈妈生重病住院一个多月，没有办法再像往常一样时刻指导孩子的学习。离开了妈妈的点滴指导，媛媛根本不知道什么时候该做什么事情，也不懂得如何提高自己比较差的科目。慢慢地，她的学习成绩出现了很大的退步。

俗话说："授人以鱼，不如授人以渔。"孩子的学习也是一样，教给孩子知识，不如教给孩子学习知识的能力——自学能力。学习本来就是孩子自己的事情，可以说，只有学会自我学习，才能够学得好、学得多。

纵观古今中外有作为的成功者，他们中许多人并未进过正规的学校，更没有上过大学，然而，他们却通过自学取得了卓越的成就。伟大的哲学家、数学家、物理学家笛卡尔，没有上过大学，但他凭借自学，23岁就创立了解析几何。英国的道尔顿只在乡村学校读了几年书，全靠自学成为近代化学的奠基者、原子学说的创始人。美国的大发明家爱迪生，只上过三个月的小学，但他一生中却取得了1000多项发明的成功。我国的华罗庚，早年在杂货店当学徒时，数学底子并不好，他完全靠自学，成为举世闻名的大数学家。由此可见，培养孩子的自学能力是非常重要的。

　　林群刚刚读初二，本学期他给自己制订了严格的学习计划，可不幸的是，他在一次滑冰的时候不小心把脚扭了，需要在家里躺一个礼拜。他面临的最大问题就是怎样才能在病好后跟上学校的进度，不要越落越远。

　　林群躺在床上十分着急，原来的学习计划肯定不能继续用了。他一咬牙，下决心，拼了！林群决定自学，把教材、参考书和习题集摆在床边，一门一门地攻。先读教材，再看参考书，最后做题。林群想，上课学习的目的也不过是为了做题，只要能把题做会了在家里自己学也一样。

　　结果，林群的这种自学方式比在学校听讲的效率还高。在学校，老师要照顾到水平不同的同学，讲的进度就不会太快，有时候他明白的问题老师会翻来覆去讲；有时候他没听懂的，老师反而一语带过。自学就不一样了，注意力更集中，学习的兴趣更浓，效率更高，时间当然也就更充足了。结果，他不光把习题集的相关题目都做了一遍，对那些做错的题目还能从头再做一遍，直到做会为止。对于实在想不通的问题，他会记下来，晚上给同学打电话请教。

　　病好之后，别的同学要帮他补课，林群摇摇手说："不用，我已经都学了。"到测验一看，他的名次不但没有下降，反而上升了。老师让他介绍经验，他说："非常感谢这次生病，让我学会了自学，我这才知道学习能有这么多的乐趣。"

自学能力是每个孩子都必须掌握的一种能力。培养孩子的自学能力，不仅能促使孩子主动地学习，独立思考钻研问题，提高学习效率，而且对未来从事各项工作，都能受益。为此家长要培养孩子的自学兴趣，掌握自学方法，培养自学习惯，使孩子愿意学，并且会学，这是至关重要的。

1.确定准确的自学目标

做任何事都要有目标，自学也要有目标。自学目标就是自学要达到的目的和程度。当发现孩子自学潜力不错的时候，家长要根据孩子的实际情况，尽快制定一个明确的目标，让孩子有一个追求的方向，这会使孩子产生强烈的兴趣和动力。

2.培养阅读能力

自学的方法主要靠阅读，所以阅读能力的培养是十分重要的。家长起初可先让孩子朗读课文，慢慢地由朗读到默读，朗读的目的在于提高学习兴趣，培养自学习惯。经过一段时间之后，孩子会自然而然地埋头阅读他喜爱的各种书籍。

平时，父母可以买一些能够引发孩子阅读兴趣的书，如名家传记、趣味历史、科普读物、世界文学名著等，以及家长自己喜欢阅读的或者工作需要参考的书籍，让孩子在熏陶中，能够产生更浓厚的了解新知识的兴趣。孩子的自学意识是家长引导出来的，家长只要给孩子创造良好的氛围，引导孩子培养自学意识就可以了。

3.让孩子学会预习

预习是培养孩子自觉学习的好方法。它能明显地提高孩子学习的效率，激发孩子自觉学习的主观能动性，获得课堂学习的主动权。

预习主要是熟悉一下将要学到的内容，父母要告诉孩子，预习的目的是为了要了解课文的主要内容是什么，有什么新的知识点，需要巩固哪些学过的知识，通过这课能够延伸学习哪些内容，等等。并不是说，预习就是只看一下课文讲的是什么故事，或者是课文的大概意思是什么。在孩子刚开始预习的时候，可以先选择一门或是两门科目进行，不要一下子让孩子预习太多，那是不会有效果的。

4.指导孩子使用工具书

自学活动都是孩子自己独立进行的，一般没有教师的指导，所以孩子在自学中遇到问题，要依靠工具书来解决。字典和词典等工具书，能帮助孩子扫除阅读障碍，提高阅读能力。孩子学会查字典和词典的方法，并能独立运用，就等于掌握了一种自学的方法，有利于他们提高学习成绩，开阔知识视野，这会使他们变得更加聪明。

第六章
提升交际能力，
人际关系好的孩子
更具领导力

孩子的交际协调能力很重要

　　交往是人的需要，也是社会对人的要求。人是社会中的人，一个人离开他人、离开社会就无法生存。良好的人际交往能力以及良好的人际关系是人们生存和发展的基础，通过交往，人们能够互相交流信息和感情，协调彼此之间的关系，达到共同活动的目的。

　　交际能力是人在成长过程中起着极其重要作用的一种能力，然而现在有不少孩子不善交际，不会交际，甚至害怕交际，有的到了成年，还视交际如险滩，迟迟不敢把脚步迈出去。美国心理学家卡耐基认为：一个人的成功30%靠才能，70%靠人际关系。人际交往能力是一种驾驭生活、完善自我的能力。在竞争日益激烈的今天，如何让孩子走出孤独，学会交往，应是家长需要解读的课题。

　　张芳是一名初二的学生，品学兼优，但性格内向，和同学们的交往很少。

　　最近一段时间，文静温柔的张芳好像和同学们更加疏远了，而且老师和同学们也发现了一个奇怪的现象：阴天和雨天，张芳也和晴天一样，进进出出总是戴着一副墨镜，神色也总是很紧张。大家都疑惑不解：张芳究竟怎么了？

　　张芳自己也不知道为什么，她感到和其他人在一起，总有一种莫名的心理压力，心好像要跳出来似的。为了减轻自己的心理压力，张芳几乎断绝了与外人的交往。于是她买了一副墨镜，想借助浓浓的黑色去隔绝与他人的心理交流，以驱散心头莫名的恐惧。但是，她的心里还是感到很压抑、很紧张。张芳觉得身心疲惫，人日渐憔悴，学习成绩急剧下降。到底是什么原因使张芳变成这样呢？

张芳的父母对女儿的教育非常严格，张芳从小就养成了不大出门的习惯。张芳的父母很爱干净，其他小朋友到她家来玩，如果把屋子弄得脏乱，他们会非常不高兴，并偷偷告诉张芳，下次不要把小朋友带到家里玩。于是，张芳的朋友变得越来越少，她也越来越不喜欢和别人交往。等张芳稍大一点后，父母又常对她说，外面很乱，坏人多，做什么事都要小心，常常叮嘱她晚上不要外出。一天晚上，她上完自习，独自一个人回家，发现在一个小巷子里，几个男青年正围着一个女孩纠缠。父母的叮嘱顿时变成了她亲眼目睹的事实。她吓得魂不守舍，拼命地跑回家，几天后仍噩梦不断，直至很长一段时间后，这种恐怖的感觉才慢慢消失。

恐怖的感觉虽然消失了，但恐怖的痕迹还是存在。每当张芳看见异性，就会产生莫名的恐惧，在惶恐、矛盾、徘徊中，她逐渐把自己封闭起来。

人是社会的动物，都有交往的需要，孩子也是如此，孩子的天性是喜欢集体生活和集体活动的，特别是乐于和年龄相同或相近的孩子在一起，他们之间有着大体相似的心理特点，有共同的语言、情感、兴趣和爱好，相互可以得到精神上的满足，获得无限的乐趣。但是，由于现在的孩子在父母的溺爱中越来越少地与外界接触，使得他们变得越来越孤僻。不少孩子表现为胆小怕事，行动迟钝，不愿和人交往，一旦遇到不顺心的事情就大发雷霆，做出很多让大人难以理解的事情。这极大地影响了孩子今后的发展。

人无法离群索居。每个人每天都需要从他人那里获得信息，学习他人的经验和智能，以及沟通协调，合作完成工作。所以，培养孩子的人际交往能力是十分必要的。

交往对孩子的成长、个性的形成和发展具有特殊意义。一个人的个性总是在特定的社会环境下，通过与他人的交往逐步形成的。孩子兴趣的培养、情绪和能力的发展都离不开交往。正是因为有交往，才使孩子有了更多的学习各种知识并获得社会经验的机会。在与他人交往的过程中，孩子逐渐理解和掌握道德行为规范、社会价值观念，学会认识别人和评价自己，渐渐地形成自己不同于他人的意识倾向、心理特点和个性品质。

良好的交往能力是建立良好人际关系的基础和前提，它有利于人心理的健康发展，有利于人的自我意识的发展与完善，有利于人克服困难、促进事业的成功，并实现人生价值。

林峰今年8岁了，刚刚上小学一年级，由于某种原因他比同龄的小朋友晚入学一年。入学后，林峰没有朋友，就连他的同桌王铮也不愿意理他，还经常欺负他。

林峰把这些情况告诉了爸爸，爸爸问他："王铮为什么不愿意理你呢？"

"他说我很笨，所以晚上一年学；还告诉其他同学不理我。"林峰告诉爸爸。

"那你就好好读书，每门功课都要比他们好，让老师也说你好，他们就不会不理你了。"爸爸说道。

林峰听了爸爸的话，非常用心地学习，成绩进步很快，这让同学们都很吃惊。渐渐地，他们都不说林峰笨了。

可是，王铮还是经常欺负林峰，有一次竟然打了他。林峰很难过，告诉了爸爸。

"王铮是个怎样的孩子？你能和爸爸说说吗？"爸爸问林峰。

"他学习不用功，经常在学校里捣乱，上课也不好好听讲，老师让他回答问题，他什么都不会。"林峰说道。

"噢，那你想过在学习中帮助王铮吗？"爸爸问。

"我为什么要帮他，他总是欺负我！"林峰不解地说。

"要想不让他再欺负你，最好的办法就是把他变成你的朋友，你觉得呢？"

林峰想了一会，对爸爸说："我知道该怎么办了。"

"好，相信你们会成为好朋友的！"爸爸高兴地说。

后来，林峰果然主动去帮助王铮了。起初王铮还有点迟疑，但看到林峰是真心想帮助自己，便愉快地接受了帮助。过了一段时间，王铮的学习成绩有了很大的进步，林峰和王铮也成为最好的朋友。

交往是让孩子适应社会、进入社会的一个重要途径。孩子只有在与同伴、成人的友好交往过程中，才能尽早学会在平等的基础上协调各种关系，正确地认识和评价自己，形成积极向上的情感。

交往能力强，对孩子来说有百利而无一害。善于与他人交往的孩子在学校，不仅能够从容地与同龄人交往，而且能够从容地与老师等成年人交往。而孩子是否善于同别人打交道，在人群中人缘如何，对他以后的学习和人生的发展有很大的影响。因此，父母要从小重视培养孩子与人交往的能力。

一位成功学专家说：所有成功的人之所以成功，是因为他的人际关系非常好。从小培养孩子的人际交往能力，这是值得家长重视的一个带有普遍性的问题。一个活泼开朗、乐于与人交往的孩子容易受到同伴的欢迎和成年人的喜爱，而且容易适应新环境。

随着社会的发展，人际交往的功能越发显得重要，父母必须重视对孩子交往能力的培养，使孩子更好地适应社会的发展。怎样让孩子学会与人相处、与人交往，培养孩子生存能力，这是父母很重要的一课。

1.为孩子创造良好的家庭环境

良好的家庭氛围主要表现为全家人和睦相处，家长疼爱子女，儿女孝敬父母，彼此关心照顾，共同生活。这样的家庭环境对孩子有一种凝聚力，孩子在这种气氛中，潜移默化地学会与人融洽相处之道，其人格也会不断完善。

2.传授孩子交往技能

美国乔治·华盛顿大学的心理学家莱金·菲利普斯认为，许多孩子不能与他人正常交往的原因，是因为他们没有学会基本的人际交往技能，从而也不能以正常的方式和别人交往。因此，家长有必要指导孩子学习一些交往的原则，应引导孩子认识到，人与人之间是平等的，在交往中需要的是尊重和理解。同时，家长还应有目标地教孩子一些语言和行为的交往方式，丰富孩子交往策略。例如，教他们怎样感谢别人，怎样向别人道歉，怎样邀请同伴与自己交往，怎样参与同伴正在进行的游戏，怎样表达自己的要求和想法等。向孩子传授的应是积极、健康、正面的交往方法。引导孩子用平等、认同、分享、合作、宽容、提供、要求等方式去与同伴交往。与此同时，家长自己与家人、邻里、同事、朋友的健康交往，可起到榜样和示范作用。

3.鼓励孩子多交朋友

孩子正处于学习知识、了解社会、探索人生和事业的发展时期，与同龄伙伴交往并建立友谊是正常的心理需要。如果孩子过于封闭自己，不爱与人交往，在同学中人缘不好，都会影响到孩子的交往能力，使孩子无法适应复杂多变的社会，甚至变得害怕与人往来，变得孤独冷漠。父母有责任指导孩子获得更多的朋友，结下更融洽的人缘。生活中，父母可以多带孩子参加一些社会活动，让他们结识更多的人；请邻居的孩子到家中玩，让自己的孩子与别的孩子住在一起，请好友的孩子在自己家住几天；等等。给孩子创造一些与人交往共处的机会，时间长了，孩子就能增强与人交往的能力。

4.让孩子学会自己解决冲突

人际交往中遇到矛盾是不可避免的，而善于解决交往矛盾，是高水平的合作与交往能力的标志。生活中，有些父母一见孩子之间产生了矛盾，便立即介入去平息"风波"，替孩子处理矛盾，这样很难培养孩子的交往能力。所以，当孩子遇到交往矛盾与问题时，应该让孩子迎着问题去主动交涉。

学会合作，培养孩子的团队精神

合作是指两个或两个以上的人为了共同目标或者获得共同利益而自愿结合在一起，相互作用和配合，最终实现共同目标、满足个人利益的一种社会交往活动。

现代社会是一个讲究"双赢"的社会，人与人之间的合作是必不可少的。孩子进入社会后，在与人相处的过程中，最需要的其实就是合作能力。

有人曾经问一位日本小学校长："您办学最注重什么？"

这位小学校长回答："教育孩子理解别人，与其他人合作。在现代社会，如果不能上下相互理解和合作，知识再多也没用。"

这位校长的话告诉我们：合作意识和合作能力是孩子的一项重要素质。

现代社会对人才的要求越来越高，不仅要求要有较高的素质、能力，更要求具有良好合作性，能善于与人合作。而现如今的孩子以独生子女居多，他们不会合作的现象相当突出，合作水平参差不齐，所以培养孩子的合作行为是家庭教育必不可少的一项内容。

有专家曾做过一项研究。研究者要求，儿童在不同的情形下自由选组，之后完成一些任务。一些平时根本不擅长与人合作的儿童并不能作出最好的选择，他们甚至拒绝与人合作；但一些有较多合作经验的儿童却能很快就作出较为明智的选择。比如，在学业竞赛的活动中，他们会选择与成绩优异的人一组；而在有些生活技巧的活动中，他们又会选择与生活技巧较好的人一组。会与人合作的儿童，任务的完成率很高，他们也从任务中获得了快乐。有研究者说："从儿童发展的角度而言，'合作'的重要性在于，它不仅是孩子学习人际相处最好的机会，更是绝佳的心智训练。"善于合作的孩子，能对自己的综合水平有一个大致估计，在这个过程中他也学会了认识自我。

16岁的郑爽以优异的成绩升入省重点高中，开始了寄宿生活。可是开学不到一个月，他便向爸爸提出转学的想法。爸爸再三追问，可是他一脸不耐烦的表情，闭口不答。

于是，爸爸去学校了解了一下情况。老师向爸爸反映，郑爽的学习成绩很好，但是凡事都太争强好胜，太以自我为中心。一次，郑爽和同学一起参加演讲比赛，获得了团体第二名，可是奖状只有一张，两人互相争夺。最后，郑爽一怒之下竟然把奖状撕了，说谁也别想要。平时，他和宿舍其他5个人相处也有很多小矛盾。久而久之，他不受同学欢迎，变成了"独行侠"。

了解儿子的这些情况后，爸爸开展了一连串的行动，让他认识到合作的重要性。

周末，爸爸带郑爽参加了一次拓展训练营。活动期间，父子二人完成一些只有靠大家共同努力才能完成的任务，活动也都很有意思，郑爽玩得很兴奋。当教练讲评每一次活动胜利的根源都在于彼此信任、支持、互助时，有了切身体验的郑爽频频点头。

在回家的路上，爸爸还趁热打铁地聊起了篮球，说一个再棒的球员，如果没有人传球给他，也不能取胜。如果每个人都想当英雄，没有团队意识，那就绝没有球队的胜利。郑爽听了，若有所思地点了点头。

人在世上生活，不可避免地要与人合作共事。能否与人合作共事对于孩子能否很好地生存和发展，能否更多地成为社会活动的主体是至关重要的。只有懂得合作的人，才能获得生存空间；只有善于合作的人，才能赢得发展机会。一个懂得合作的孩子，成年后会很快适应社会并发挥积极作用，而不懂合作的孩子在生活中将会遇到很多麻烦和挫折。懂得合作、善于合作、乐意合作的孩子一般都拥有良好的人际关系，在各种场合都能与他人和睦相处。因此，家长要教会孩子如何与人合作共事。

学会合作是孩子进入社会，成为未来社会主人应具备的基本技能，也是促进孩子社会化的一个基本途径，从小加强孩子群体性与社会性的教育，培养他们主动交往、协同合作的团体意识和与人沟通、和睦相处、共同生活的社会能力是时代发展的必然要求。欧洲著名的心理分析家A.阿德勒认为：假使一个儿童未曾学会合作之道，他必定会走向孤僻之途，并产生牢固的自卑情绪，这情绪会严重影响他一生的发展。所以父母要多引导孩子，帮助孩子树立合作意识。

1.让孩子知道合作的重要性

合作不是一个人的行为，而是一种集体的行为，这就需要孩子有足够的团队意识。家长必须在潜移默化中帮助孩子确立正确的合作意识，使他们懂得，大家都是群体中的一员，是平等的，遇到矛盾或困难，只要大家齐心协力就一定能解决它、战胜它。在生活中，父母可以让孩子多玩一些合作性较强的体育活动和游戏，如足球、篮球、跳皮筋、跳绳等，这些活动既有团体之间的对抗与竞争，更有团队内部的合作，都非常有利于孩子合作能力和团队精神的培养。

2.教给孩子合作的技能

有些孩子没有交往经验，不知如何去与人合作，这就需要家长教给孩子合作的技能，指导孩子怎样去合作。比如，两个孩子都在玩过家家，而小锅子只有一个，谁都想要，就很容易发生纠纷。此时，如果父母能进行及时引导，教孩子掌握一些协商的技能，如两人可以轮着玩，或者两人分配角色，一个烧饭另一个出去买菜；如孩子在下棋时，往往都想赢，所以争吵、耍赖的情况时有发生，父母就可让孩子知道如何谦让，如何遵守规则，碰到问题怎样去商量等；如几个孩子在一起搭积木，就应该让孩子学会一起商量，分配工作……通过这些具体的合作情境和一次次的交往，孩子就会从中体验到合作成功的快乐和满足，从而激发孩子进一步合作的兴趣和动机。

3.让孩子感受合作的快乐

当孩子做出合作行为后，我们应该让他意识到这是合作，并让他从中感受到合作的快乐。对孩子合作后的结果，给予恰当的肯定和激励，激发孩子进一步合作的动机，使合作行为更加稳定化、自觉化。

4.让孩子学会欣赏他人

只有真诚地欣赏他人的长处，孩子才能从内心深处真正愿意接受别人。只有相互认识到对方的长处，欣赏对方的长处，合作才会有真正的动力和基础。因此，父母要经常给孩子灌输这样一种思想：任何人都有自己的长处，任何人都要学会真诚地欣赏他人。当他认识到每个人都有缺点、也都有优点时，他的心态就比较平和，不会刻意地挑别人的毛病，也不会拒不接受别人对自己的批评。

让孩子学会尊重他人

尊重他人，是孩子必须具备的品德。孩子来到这个世上，内心世界一片空白，如果没有父母的指导与教育，孩子不会明白什么是尊重。所以，我们要教会孩子怎样去尊重他人。

交往艺术的核心在于对别人表示尊重。古人云："尊人者，人尊之。"只有尊重自己的交往对象，交往对象也才会尊重你自己。在互相尊重的氛围下，交往才能顺利进行。所以，人与人之间的交往，都应建立在真诚与尊重的基础上。

尊重他人是一种高尚的美德，是个人内在修养的外在表现。哲学家威廉·詹姆斯说过："潜藏在人们内心深处的最深层次的动力，是想被人承认、想受人尊重的欲望。"渴望受人喜爱、受人尊敬、受人崇拜，这是人类天生的本性。但是，有取必有予，我们希望获得些什么，也就必须首先付出些什么。我们希望获得他人的尊重，这就要求我们每一个人都要先学会尊重他人，这样我们才能获得他人的尊重。

一个教授和朋友去火车站送人。送走人之后，教授刚走出火车站口不远。就看到一个疯疯癫癫的人迎了上来，拦住了他们的去路。他衣衫褴褛，头发乱蓬蓬的。谁都以为是一个讨钱的，于是教授的朋友就掏出一元钱来递给他。他瞪了瞪他，没有接，然后将目光移向了教授，小心翼翼地说："这位老先生，我看得出来你是个有学问的人，能不能给我讲讲关羽是怎么死的？"

朋友想推开他。教授却阻止了他，领着那个疯子到了一个楼角。他从吕蒙设计，讲到关羽败走麦城，最后遇害，前后用了十几分钟时间。教授讲得绘声绘色。那疯子也听得津津有味。临走的时候，疯子抓住教授的手，眼睛中泛着晶莹的泪花："谢谢您，我求了好多人，只有您才肯给我讲！"教授的手也用力摇动了几下。

回校的路上，教授的朋友问："他是一个疯子吧？"教授沉默了一会儿才说："也许是，但他首先是一个人，只要是人，都是值得尊重的。因为在尊重别人的时候，更重要的还是在尊重自己！"

真正尊重别人，是基于自己对于一个人的尊重，从心里产生的，这需要一个人有良好的修养，有人生的历练，这样才会真正相信，人生来就是平等的，尊重别人就是尊重自己。

心理学研究表明，人都有交友和受尊敬的欲望，并且交友和受尊重的欲望都非常强烈。人们渴望自立，成为家庭和社会中真正的一员，平等地同他人进行交往。如果你能以平等的姿态与人交往，对方会觉得受到尊重，而对你产生好感；相反，如果你自觉高人一等，居高临下、盛气凌人地与人交往，对方会感到自尊受到了伤害而拒绝与你交往。所以，只有相互尊重，才能相互认可，相互接受。

下面所讲的是发生在美国纽约曼哈顿的一个真实故事。

一天，一位40多岁的中年女人领着一个小男孩走进美国著名企业"巨象集团"总部大厦楼下的花园，在一张长椅上坐下来。她不停地在跟男孩说着什么，似乎很生气的样子。不远处有一位头发花白的老人正在修剪灌木。

忽然，中年女人从随身提包里拉出一团白花花的卫生纸，一甩手将它抛到老人刚修剪过的灌木上面。老人诧异地转过头朝中年女人看了一眼，中年女人满不在乎地看着他。老人什么话也没有说，走过去拿起那团卫生纸，把它扔进了一旁装垃圾的筐子里。

过了一会儿，中年女人又拉出一团卫生纸扔了过来。老人再次走过去把那团卫生纸拾起来扔到筐子里，然后回到原处继续工作。可是，老人刚拿起剪刀，第三团卫生纸又落在了他眼前的灌木上……就这样，老人一连捡了那中年女人扔过来的六七团纸，但他始终没有因此露出不满和厌烦的神色。

"你看见了吧！"中年女人指了指修剪灌木的老人对男孩大声说道："我希望你明白，你如果现在不好好上学，将来就跟他一样没出息，只能做这些卑微低贱的工作！"

老人听见后放下剪刀走过来，和颜悦色地对中年女人说："夫人，这里是集团的私家花园，按规定只有集团员工才能进来。"

"那当然，我是'巨象集团'所属的一家公司的部门经理，就在这座大厦里工作！"中年女人高傲地说道，同时掏出一张证件朝老人晃了晃。

"我能借你的手机用一下吗？"老人沉默了一会儿说。

中年女人极不情愿地把手机递给老人，同时又不失时机地开导儿子："你看这些穷人，这么大年纪了连手机也买不起。你今后一定要努力啊！"

老人打完电话后把手机还给了妇人。很快一名男子匆匆走过来，恭恭敬敬地站在老人面前。老人对来人说："我现在提议免去这位女士在'巨象集团'的职务！""是，我立刻按您的指示去办！"那人连声应道。

老人吩咐完后径直朝小男孩走去，他伸手抚摸了一下男孩的头，意味深长地说："我希望你明白，在这世界上最重要的是要学会尊重每一个人……"说完，老人撇下三人缓缓而去。中年女人被眼前骤然发生的事情惊呆了。她认识那个男子，他是"巨象集团"主管任免各级员工的一个高级职员。"你……你怎么会对这个老园工那么尊敬呢？"她大惑不解地问。

"你说什么？老园工？他是集团总裁詹姆斯先生！"中年女人听完一下子瘫坐在长椅上。

与人相处时，不论别人的条件和身份是怎样的，都应该尊重别人。真正尊重别人，是不会对人划分三六九等的，而是对每一个人都持有平等的态度！"人不如己，尊重别人；己不如人，尊重自己。"无论何时，尊重别人与自我尊重一样重要。一个人只有懂得尊重别人，才能赢得别人真正的尊重。

尊重他人是一种美德，也是一种高尚的情操。只有尊重他人，才能获得他人对你的尊重。所以，尊重他人也就是尊重自己。父母作为孩子的启蒙老师，除了要教会孩子基本的生存技能外，更要以身作则，教会孩子做人。而做人，做一个对社会有益的人，就必须学会尊重。

尊重别人这种品德，并不是天生获得的，它是良好的教育的结果。生活中，不少孩子不懂得尊重别人，可能是没有学会尊重，也可能没有体验过被尊重，这是家庭教育的缺陷，所以，父母要从小培养孩子尊重他人的良好品德，只要认真培养，你的孩子也一定能学会尊重别人。

1.父母首先要尊重孩子

世界著名教育家池田大作说："尊重孩子的人格，孩子便学会尊重人。"生活中，孩子只有受到尊重，才能从中学会尊重别人。如果父母总是对孩子大吼大叫，孩子很快就学会用同样的语调回应大人；如果父母喜欢对孩子指手画脚，孩子很容易就学会用同样的方式对待别人。这就要求家长在孩子成长过程中对孩子给予足够尊重。父母在与孩子交往中，要把孩子当人看，尊重他，不能任意摆布或训斥。在家庭教育中，家长应像尊重成年人一样尊重孩子，把自己放在与孩子平等位置上，遇到问题换个角度去想想，寻求与孩子心理上的沟通。当孩子从父母的尊重、爱护中找到自信、自身价值的时候，他们就自然而然地学会尊重父母、尊重他人。

2.让孩子注意交往的态度

在交往过程中，一个人采取什么样的态度将体现出这个人对别人的尊重程度。生活中，家长要教孩子一些交往的原则。比如，礼貌待人、谦虚待人、注意倾听别人的谈话、实事求是地评论人或事、准时赴约……这些都是尊重别人的表现。

3.让孩子体会到不尊重人的后果

通常当孩子出现不尊重人的举动时，家长应及时制止，或让他尝尝不被别人尊重是什么滋味。比如，家里来客人了，孩子用言语或行动顶撞了客人，在客人走后，家长可以用同样的方式对待孩子，让他在这一过程中体验到不被别人尊重的滋味。这种反思比父母苦口婆心的劝说效果更好。

4.尊重他人的劳动成果

对于别人的劳动成果，应该有基本的尊重态度，在一个文明社会里，这是一个人的基本文明素养。尊重他人的劳动，也是对他人人格的尊重。日常生活中的每一样物品，都是劳动者通过千辛万苦的劳动才创造出来的，它们来之不易。所以家长们要教育孩子爱惜物品，珍惜每一件用品，来报答劳动者的辛勤付出。尊重可以从很小的事做起：擦掉一处污渍、捡起一张废纸等，从点滴中就能反映出一个人的人格修养。父母还可以让孩子适当地参与劳动，养成对他人劳动成果的尊重的习惯，当孩子体会到劳动的辛苦时，才会尊重他人的劳动成果。

教孩子做一个乐于分享的人

所谓分享，就是指个体与别人共同享受欢乐、幸福、好处等。它是与独占和争抢行为相对立的，不仅包括对物质和金钱等有形东西的分享，还包括对思想、情绪、情感等精神产品的分享，甚至还有对义务和责任的分担。

古语有云：与君同行，分之即得之！意思是说：和别人在一起，如果你愿意和身边的人分享你的东西，那么得到的一定比失去的多。在当今的社会中，分享是现代人际交往的基础，也是生活品质得以提升的表现。只有懂得与人分享，乐于与人分享，敢于与人分享，才能充分得到别人的尊重与认可，才能拥有良好的人际关系。

有一位犹太教的长老，酷爱打高尔夫球。

在一个安息日，他觉得手痒，很想去挥杆，但犹太教规定，信徒在安息日必须休息，什么事都不能做。这位长老却终于忍不住，决定偷偷去高尔夫球场，想着打九个洞就好了。

由于安息日犹太教徒都不会出门，球场上一个人也没有，因此长老觉得不会有人知道他违反规定。

然而，当长老在打第二个洞时，却被天使发现了，天使生气地到上帝面前告状，说某某长老不守教义，居然在安息日出门打高尔夫球。上帝听了，就跟天使说，会好好惩罚这个长老。

从第三个洞开始，长老打出超完美的成绩，几乎都是一杆进洞。

长老兴奋莫名，到打第七个洞时，天使又跑去找上帝："上帝呀，你不是要惩罚长老吗？为何还不见有惩罚？"

上帝说："我已经在惩罚他了。"

直到打完第九个洞，长老都是一杆进洞。因为打得太神乎其技了，于是长老决定再打九个洞。

天使又去找上帝了："到底惩罚在那里？"

上帝只是笑而不答。

打完十八个洞，成绩比任何一位世界级的高尔夫球手都优秀，把长老乐坏了。

天使生气地问上帝："这就是您对长老的惩罚吗？"

上帝笑着说："你想想，他有这么惊人的成绩，以及兴奋的心情，却不能跟任何人说，这不是最好的惩罚吗？"

天使恍然大悟。

分享是人生的一种乐趣。生命中总有很多东西是需要有人来一同分享的。只有学会分享，才能得到快乐；只有学会分享，才能得到幸福。所以，从小培养孩子学会与他人分享的意识很重要。

古人说过，"独乐乐不如众乐乐"。分享是孩子获取快乐的途径。一个乐于分享的孩子，很自然地能够交到更多的朋友，更加受欢迎。孩子可以从分享中真切感受到分享带来的快乐，这对他们正确理解分享以及将来形成健全人格都具有十分重要的意义。

然而，现在的孩子大多是独生子女，在家庭中拥有相对特殊的地位。从小在相对封闭的、受到严密保护的环境中成长，缺乏对他人的关心和尊重，无形中形成了自私、专横、独占等不良的情感。他们习惯了家长的呵护，往往以自我为中心，不知道如何去关心别人，体会不到与人分享的快乐。显然，分享不是一件易事。因为孩子的分享行为并非天生，而是通过后天的教育和引导逐渐形成的。正因如此，在孩子的成长过程中，家长有义不容辞的责任培养孩子的分享品质。

上小学的琪琪和小华是同班同学，他们也是邻居，但小华妈妈发现每次孩子回家都闷闷不乐，妈妈就问小华怎么了？小华说：班上的同学都不和我玩，大家都喜欢和琪琪玩。

妈妈问小华："那为什么大家都喜欢和琪琪玩呢？"

小华想了想说："琪琪让大家一起和她玩新买的玩具。"

"那妈妈给你买的玩具你和大家一起玩了吗？"小华妈妈问道。

小华说："没有。"

妈妈耐心地说："如果别的同学有好玩的玩具，不借给你玩，你还会和他一起玩吗？"

"不会！"小华毫不犹豫的回答。

"他不借你玩，你心里怎么样啊？"妈妈接着问。

小华想了想说："我会很难过。"

"是这样的，他不借给你玩，你会难过，同样，你不借给他玩，他也会难过。如果大家都把自己的玩具拿出来分享，是不是每个人都不会难过了？"

小华眨了眨眼睛，心有所悟地说："知道了，妈妈，我以后会和别人一起玩的。"

小华妈妈称赞道："明白就好，有玩具大家一起分享才有更多的快乐啊！"

果然，小华听了妈妈的话后，朋友越来越多，自己再也不感到寂寞和不快乐了。

让孩子学会分享、体会分享的快乐是孩子成长道路上不可或缺的。在分享中，孩子会找到更多的知己和伙伴，也会给孩子无形地建立很好的人际基础。

学会分享是孩子社会化发展的一个重要内容，直接影响着孩子将来能否很好地在社会上立足。孩子从小就有分享的意识，经常有分享的行为，体会到分享带来的快乐和满足，看到了分享给别人带来的愉悦，孩子慢慢地就能理解分享的真正含义，学会发自内心地分享，成为一个乐于分享、习惯分享的人。

1. 让孩子明白分享的乐趣

孩子的分享意识和行为要依靠父母的引导。孩子的心理之所以不愿与人分享，是因为他觉得，分享就是失去。家长要让孩子明白分享是互利。分享体现了自己对别人的关心和帮助，别人也会回报自己同样的关心和帮助，这样彼此关心、爱护、体贴，大家都会很快乐。

2. 给孩子分享的实践机会

在生活中，父母应该多为孩子创造、提供与同伴分享物品的机会，让孩子在实践中学会分享。家长可以利用节假日、过生日等机会，让孩子与同伴一起玩耍，并鼓励孩子拿出自己心爱的玩具，让他体验与别人一起玩自己的玩具的快乐。事后，父母可以告诉孩子玩得高兴的原因，在于和同伴一起分享了他的快乐。如果你愿意与别人分享你的快乐，以后你与同伴玩时，他们会乐意和你一起分享他们的快乐。

3. 及时表扬孩子的分享行为

在分享的问题上，只要孩子有一点表现，父母就要加以表扬，一次小小的进步就大力表扬，让孩子喜悦地发现原来自己的行为可以让父母如此快乐。这样孩子下次遇到同样情况时，会很容易回想起父母上次的反应，也会逐渐修正自己的不良行为。

4. 做一个乐于分享的家长

家长是孩子最好的榜样。在日常生活中，家长关心别人、帮助别人，自然会给孩子潜移默化的影响。父母要做与人分享的模范，经常主动地关心和帮助别人。做了好吃的点心分给邻居尝尝，毫不吝惜地借给别人需用的物品等，这些小事都会为培养孩子的分享意识起表率作用。这些行为都无声地鼓励着孩子与人分享，这样的孩子也会有人愿意与他们分享。

建立平等和谐的亲子关系

平等是人际关系的基础。没有平等，就没有尊重；没有尊重，就没有爱；没有爱就没有教育；没有教育就谈不上孩子的成长与发展！

美国精神病学家威廉·哥德法勃曾经说过："教育孩子最重要的是要把孩子当成与自己人格平等的人，给他们以无限的关爱。"只有和孩子平等相处，才能做到尊重孩子，为有效的亲子沟通铺平道路，才能和孩子成为朋友。

有心理学家曾指出，与长辈平等，受长辈尊重，在孩子看来是难得的一种幸福。从表面上看来，这种唾手可得的幸福似乎是所有父母都可以给予孩子的。其实则不然。几千年封建思想传给我们一条无形的锁链，在我们今天做家长的身上留下了难于抚平的痕迹。有些父母受传统观念的影响较深，认为孩子理所当然地应该听父母的，他们常常以权威自居，习惯于对孩子居高临下，喜欢对孩子发号施令，要求孩子对自己唯命是从，孩子稍有不顺从，便采取高压政策把孩子的嘴堵上。但是这些父母忘了，孩子在一天天长大，他已经开始有了自己的主意和想法，他不会再像小时候一样简单地服从和遵守父母的命令，当他认为自己对的时候他会坚持己见，当他认为自己受到父母不公平待遇的时候他会逆反。因此，要想减少孩子逆反的发生，父母必须要把自己放在和孩子平等的地位上，像对待成年人一样对待孩子，像对待朋友一样与孩子相处。

　　一个星期五的晚上，刚吃过晚饭，爸爸对儿子说："从明天开始，我们要把你送到爷爷奶奶家里住一个月。到了那里，你一定要听爷爷奶奶的话，不要惹他们生气，知道吗？"

　　听到爸爸的话，儿子愣了一下，随即大声地反对："为什么要把我送到爷爷奶奶家，我不去！"

　　"不去不行，这个月爸爸和妈妈都要出差，没有人照顾你！"看到儿子的态度，爸爸生气地对他说。

　　"为什么你们不事先和我商量一下，问我愿不愿意去呢？我现在不想去爷爷奶奶家！"儿子被爸爸训斥，难过得快要哭了。

　　"大人决定的事还要问你同不同意，你懂什么啊？不管你愿不愿意都要去，我和你妈妈都出差，总不能把你一个人放在家里吧？"爸爸一脸怒气地对儿子说。

　　第二天一大早，儿子就被爸爸送到了爷爷奶奶家里。儿子有一种不被尊重、被抛弃的感觉，他有点怨恨他的爸爸妈妈了。

　　在教育孩子时，很多父母总是习惯对孩子发号施令，把自己的主观愿望强加到孩子身上，而很少考虑到孩子内心的真实想法。当自己的愿望与孩子的想法发生碰撞时，家长总会强制孩子按自己的意愿行事，很少考虑孩子的感受。而家长以这种居高临下的姿态来关心孩子，往往会适得其反。

事实上，孩子有思想的权利，有人格和尊严上的平等。他们希望父母能够给予他们同成年人一样的尊重和平等。父母只有平等对待孩子，走进孩子的心灵，做孩子心灵的朋友，用童心对童心，与孩子平等交流和对话，孩子才有可能感受到平等和尊重，才会听父母的话。

　　14岁的李敏与妈妈的关系很好，两人无话不谈。一天晚饭后，李敏问妈妈："假如爱情和事业只能选择一个，你选哪一个？"妈妈心里一惊，14岁的小姑娘怎么问了一个成年人的大问题？看来得认真对待。妈妈说："我选择爱情。有了爱情才会有温暖的家，即使事业不成功，也有个避风雨的港湾哪。"哪知李敏竟然胸有成竹地表示："我选择事业，事业成功了，爱情自然会来。"妈妈思忖着说："事业成功的喜悦也该有人分享啊……"

　　"可是，爱情太麻烦了，我不喜欢唯唯诺诺的男人。"李敏反驳道。

　　一语道破天机，妈妈知道女儿一直暗暗和一个男生关系忽冷忽热，并且她正为这似断非断的关系而烦恼。这不，自己就嫌烦了。妈妈不便于捅破，于是，借用了一句歌词自编自唱："爱情这东西，拥有了好麻烦，没有了又拼命想，来早了添麻烦，来晚了又着急，不早不晚最香甜哪。"李敏会意地笑了。

　　这真是一个开明、睿智的母亲，她学着与女儿交朋友，学着与女儿平等对话，与女儿的心更加贴近了，交流也更容易了。

　　平等相处、平等沟通是教育孩子的有效方法。父母应该彻底抛弃高高在上、板起面孔说教的架式，变居高临下为与孩子平等相处、平等交流。这样，孩子才愿意向父母吐露心声，由和父母对着干变为愉快合作。

　　在家庭教育中，父母要放低姿态，以平等的心态对待孩子，把孩子作为一个独立的个体来看待，在相互尊重的前提下，进行平等的对话。虽然孩子人小，但他们并不喜欢父母一直把自己当小孩子看待，他们希望父母能站在自己的立场上与自己平等地对话，这样，会让他们觉得父母是尊重他们的。在他们幼小的心灵里，有一种得到大人认可的渴望。

平等，不仅存在于大人之间，大人与孩子之间也需要平等。我们必须认识到，在人格上孩子们与大人是平等的，父母应给孩子应有的平等。给孩子平等对话的机会，就是对孩子人格的一种尊重。只有与孩子平等交流，尊重孩子，了解孩子，才能与孩子建立和谐、宽容的亲子关系，与孩子共同成长。

1.蹲下身子与孩子说话

人与人之间经常需要思想上、感情上的平等交流，每一个成长中的孩子，即使是刚刚学步的孩子，也都有这种渴求。要做到平等地对待孩子，家长首先就要抛弃那种居高临下与孩子谈话的姿态，蹲下身子，以平等的态度对待孩子。家长如果能蹲下来，与孩子处在同一视平线上，不仅可以一下子拉近与孩子的距离，而且能使孩子体验到被重视的感觉。

2.站在孩子的角度考虑问题

大多数的家长都是用教育者的身份来对待孩子，通常他们都站在教育者的角度来思考问题，却没有站在与孩子平等的位置上与之相处，很容易造成亲子矛盾。作为父母应该学会换位思考的方法和技巧，当孩子遇到问题时，能够迅速以孩子的位置和角度来看待问题、分析问题，才能有效地解决问题。不仅如此，换位思考，还是一种了解孩子的真实想法，快速拉近和孩子心灵距离的有效方法。

3.做孩子的知心朋友

与孩子平等相处是现代家庭教育的新理念。所以，家长首先要摘下大人的面具，做孩子的知心朋友，细心观察孩子的情绪变化，了解孩子的喜怒哀乐，并与其交流思想；父母不妨遵循"父母=朋友+老师"这样的思维方式，如果孩子能把你当成知己和一面镜子，你们的关系就会融洽一些，相互间的交流也更有效，因为教育本来就意味着伴随和支持。

有幽默感的孩子，走到哪里都受欢迎

这世上还有什么比幽默更能感染人的呢？如果你想提升孩子的领导力，让孩子成为社交场上有影响力的人，就要从小培养孩子的幽默感。

有人说："博人好感者必善于幽默。"虽然这句话显得有点太夸张、绝对了，但是，幽默在人际交往中确实起着不可小觑的作用。如果你想在交往中很快得到别人的友谊，就要善于运用幽默的力量。

作家马克·吐温是一个机智幽默的人。有一次他去某小城，临行前别人告诉他，那里的蚊子特别厉害。到了那个小城，正当他在旅店登记房间时，一只蚊子正好在马克·吐温眼前盘旋，这使得职员不胜尴尬。马克·吐温却满不在乎地对职员说："贵地蚊子比传说中不知聪明多少倍，它竟会预先看好我的房间号码，以便夜晚光顾、饱餐一顿。"大家听了不禁哈哈大笑。结果，这一夜马克·吐温睡得十分香甜。原来，旅馆全体职员一齐出动，驱赶蚊子，不让这位博得众人喜爱的作家被"聪明的蚊子"叮咬。幽默，不仅使马克·吐温拥有一群诚挚的朋友，而且也因此得到陌生人的"特别关照"。

幽默是一个人魅力的体现，也是一个人的能力，更是一个人的品格。如果你具备了幽默的能力，那么，你就会发光，就会产生吸引力。

幽默是人际交往中的吸铁石，可以将周围的人吸引到你身边来。心理学家凯瑟琳告诉我们："如果你能使一个人对你有好感，那么，也就可能使你周围的每一个人，甚至是全世界的人，都对你有好感。只要你不是到处与人握手，而是以你的友善、机智、风趣去传播你的信息，那么时空距离就会消失。"《趣味世界》的编辑雷格威尔也说过："原始人见面握手，是表示他们手上不拿武器。现代人见面握手是表示我欢迎你，并尊重你。以幽默来打招呼，则是有力地表示我喜欢你，我们之间有着可以共享的乐趣。" 幽默的谈吐，是社交场合必备的智慧，幽默风趣的人往往更受人欢迎。

幽默存在于生活的方方面面，我们不得不承认，一个善于运用幽默的人是魅力十足的。幽默之所以能提升个人魅力，其主要原因在于幽默能折射出一个人修养的深厚、智力的优越程度和豁达乐观的个性品格，使人具有特殊的和巨大的吸引人的力量。在人际关系中，你对别人"吸引力"的大小强弱正是个人魅力的体现。因此，一个富有幽默感的人，走到哪里都会散发出强大的吸引力和影响力。

著名国画大师张大千与著名京剧艺术大师梅兰芳神交已久，相互敬慕。在一次张大千举行的送行宴会上，张大千向梅兰芳敬酒，出其不意地说："梅先生，您是君子，我是小人，我先敬您一杯！"

众人先是一愣，梅兰芳也不解其意，忙问："此语做何解释？"

张大千朗声答道："您是君子——动口；我是小人——动手！"

张大千机智幽默，一语双关，引来满堂喝彩，梅兰芳更是乐不可支，把酒一饮而尽。

正是因为张大千的幽默，梅兰芳才会和张大千成为挚友。设想张大千若不是一个懂得幽默的人，依照梅兰芳的性格，他是很难同梅兰芳建立深厚的友谊的。正是由于幽默，张大千与梅兰芳彼此之间的交际圈都得到了扩大。

幽默是沟通最好的清凉剂，培养幽默感有助于彼此的沟通。拿破仑·希尔曾经说过："如果你是个幽默的人，那么你就会轻而易举地去影响你周围的人，让他们永远喜欢你；如果你是个悲愤的人，即使你身边充满了欢乐的海洋，你也会看不到的。"在这个忙碌的社会，没有谁不愿意和能给自己带来快乐的人在一起，能带给别人欢笑的人是最受欢迎的人，也是最有影响力的人。这种人在社交场上往往如鱼得水、左右逢源，可算是人际沟通中的幽默大师。

幽默并不是成年人的专利，孩子也应当适度展现幽默的秉赋。然而，许多父母对孩子的幽默感并没有给予重视。他们认为，幽默是成年人的事，孩子有无幽默感是无所谓的，其实不然。现代医学研究表明：孩子因富有幽默感而经常开怀大笑时，不仅会增强肠胃功能，提高机体免疫力，而且会使孩子心胸开阔、富有朝气、思维活跃、头脑敏捷，帮助孩子更好地应对生活中的压力和痛苦，更开心地生活。

小亮的父母吵架了，妈妈伤心地在窗边掉眼泪。这时小亮走过来，他看了看妈妈说："妈妈还在伤心啊？"妈妈见儿子这么懂事，哭得更响了。小亮拍着妈妈的肩膀说："好了好了，别哭了。你吵爸爸，比他吵你凶多了，也没见爸爸哭，人家还在客厅哼小曲呢！"妈妈抬起头，假装生气："臭小子，别跟你爸一样来气我！"小亮不紧不慢地说："好心没好报……你们女人啊，就是脆弱。我天天挨吵，也顶多哭一两声就没劲了……"小亮的话没说完，妈妈"扑哧"一声就笑了……

幽默是一种生活的机智，它将人们对生活的领悟，以一种诙谐、有趣的形式表达出来，令人发笑，引人深思。拥有幽默感不仅能使孩子自信，更能使孩子在人际交往中善于化解危机，消除不利的因素。

著名幽默家克瑞格·威尔森曾经说过："在我的成长过程中，幽默是生活中的七彩阳光，没有它，就没有我五彩缤纷的童年，也没有我充满欢声笑语、幸福无限的家庭。"每一个孩子都希望自己是受同龄人喜欢的人，他们都希望自己有一个良好的人际关系，而幽默有助于他们人际关系和谐。有幽默感的孩子能让自己有一种无形的亲和力，从而缩短孩子们之间的距离，使他们多获得一份信任，少一些敌意，添一些快乐，减一些摩擦。幽默能让他们淡化矛盾，消除误会，增加亲近感。

根据美国专家的一项专题研究，幽默感是情商的重要组成部分。具有幽默感的孩子大多开朗活泼，因而往往更讨老师的喜欢，人际关系也要比不具有幽默感的孩子好得多。幽默还能帮助孩子更好地应对生活和学习中的压力和痛苦，幽默的孩子往往过得比较快活。幽默还能促进智商的健康成长，幽默的孩子往往比较聪明，也能比较轻松地完成学业。

幽默是一种能力，是一种智慧，也是人生快乐的润滑剂，渴望孩子将来幸福、快乐，就要从小培养孩子的幽默感。教会孩子幽默，也就教会了他快乐的本领和与人相处的能力，让孩子在幽默中健康成长。

1.培养孩子良好的心态

幽默与乐观是孪生姐妹。很难想象，一个遇到困难和挫折便愁肠百结的人，会具有幽默感。相反，一个具有幽默感的人却能从自己不顺心的境遇中发现某些"戏剧性因素"，而能使自己做到心理平衡。所以，父母要让孩子明白，乐观是幽默的精髓。只有当自己的心胸开朗了，才可能使别人心胸开朗；只有自己具有感染力，才可能感染别人。

2.扩大孩子的知识面

幽默是一种智慧、博学的表现。幽默感必须建立在丰富知识和活泼语言的基础上。如果词汇贫乏，语言的表达能力太差，那也无法达到幽默的效果。因此，要培养孩子幽默感必须让孩子多阅读，多观察，多思考，广泛涉猎，充实自我，使孩子不断从各类书籍中收集幽默的浪花，从名人趣事中撷取幽默的宝石。父母可以多给孩子讲些幽默故事、机智故事、脑筋急转弯等，训练孩子思维的敏捷性，提高孩子语言的丰富性。

3.创造幽默的家庭氛围

幽默感有先天的成分，不过后天的培养更加重要，家庭环境会潜移默化地影响孩子。家长平时跟孩子的相处，不仅影响孩子的性格养成，也包括幽默感。如果家长本身没有一点幽默感，却老埋怨自己的孩子不幽默，也是一个笑话。例如，孩子哭闹时，父母除了常用的一些安慰手段外，也可以安抚他："宝宝，你瞧你哭得像小花猫，鼻涕流得像瀑布，多难看啊！"这种诙谐的语言，比起单调的哄逗，不仅可以很快转移孩子的注意力，使孩子破涕为笑，而且还可以使孩子学会幽默的语言技巧，培养良好的心态。

心胸豁达，原谅他人的过错

宽容是人的一种美德，是做人的一种风度和境界。现实生活中，人们常常遇到别人对不起自己或做了有损于自己的事情，对此不耿耿于怀，不过分计较，能够笑一笑就过去，这就是宽容。

法国著名文学家雨果说过："世界上最宽阔的东西是海洋，比海洋更宽阔的是天空，比天空更宽阔的是人的胸怀。"宽容不仅仅是一种做人的雅量，更是一种文明的标志，它体现的不仅仅是一个人的胸怀，更是一种博爱的人生的境界。一个宽宏大量，与人为善，宽容待人，能主动为他人着想和帮助别人的人，一定会讨人喜欢，被人接纳，受人尊重，具有魅力，因而能够更多地体验成功的喜悦。而一个以敌视的眼光看人，对周围的人戒备森严，心胸狭窄，处处提防，不能宽大为怀的人，必然会因孤独而陷于忧郁和痛苦之中。所以说，一个心胸宽阔，善于宽厚待人，容忍别人缺点的人，才能收服人心，成就人格魅力。这也是每个人应该有的处世准则。

利比里亚的女总统瑟利夫，在未当总统之前，由于政变等原因，曾经三次流亡几内亚。每一次走在流亡的路上，她都在想，有朝一日必将卷土重来，搞垮她的政敌，让曾经使她饱尝艰辛的人也尝一尝颠沛流离之苦。但一次不平凡的经历改变了她的想法。

有一天，她带着她的随从靠近一个村落的时候，突然从一棵大树后响起枪声。训练有素的贴身护卫维撒猛地把她扑倒，她获救了，但这颗罪恶的子弹夺去了维撒年轻的生命。后来她才知道，开枪的是维撒的邻居，一个叫阿撒的小伙子。阿撒被她的对手收买，一直在伺机暗杀她。13年后，瑟利夫再次来到这个村庄，竟然发现维撒的妈妈去给阿撒的妈妈送粮食。她问维撒的妈妈为何要这样做，维撒的妈妈回答："阿撒逃走后，13年来杳无音信，阿撒的妈妈穷困潦倒，现在又病了，家里揭不开锅……"瑟利夫不禁提醒这位善良的老妈妈："他们不是我们的敌人吗？"老妈妈的回答再次让她吃惊："那都过去了，以怨报怨，只能增加更多的怨恨。"

那一刻，她被震撼了。这位老妈妈的话，深深地教育了她——用仇恨面对仇恨，对立的双方将永远无法摆脱仇恨。饱经战乱的利比里亚需要的不是仇恨，更不是战争，它需要的是宽恕！因为只有宽恕才能化解矛盾，只有宽恕才能消除隔阂，只有宽恕才能获得理解，也只有宽恕才能赢得支持。

从那以后，瑟利夫不仅以宽恕的心态来面对过去的对手，还号召人民忘掉仇恨，以宽容、和解治愈历史的创伤。瑟利夫的举动，赢得了利比里亚人民的理解和支持，并通过选举把她推上了总统的宝座，使她成为非洲历史上第一位民选女总统。

与人交往时，应当宽宏大量，不计较个人恩怨。如果你能做到宽容曾经伤害过自己的人，不但能显示出你的博大胸怀，而且还有助于"化敌为友"，为自己营造一个更为宽松的人际环境。

　　宽容体现了一个人的素养与气度，表现了人的思想水平。只有一个拥有智慧的人，才会在心中留出一片天地给别人。当你学会宽容别人时，就是学会宽容自己；给别人一个改过的机会，就是给自己一个更广阔的空间。

　　宽容是一种品德，也是一种智慧，如果父母教会孩子学会宽容，那么孩子就掌握了跟任何人交往的一种智慧。但遗憾的是，现在的孩子大多是独生子女，以自我为中心，做事很少顾及别人的感受，而且对别人给自己带来的一点点伤害总是耿耿于怀，不懂得宽容。这会严重影响孩子良好人际关系的建立，从而影响学习。只有使他们学会宽容，才有可能拥有融洽的人际关系。

　　一位年轻的妈妈带着儿子去拜访他的同学。在公共汽车上，一位背着大包的青年挤进了车厢，妈妈被大包撞到了一边。

　　儿子关切地问："妈妈，你没事吧？"同时，他恼怒地看了那青年一眼，喊了一句："太可恨了。"

　　年轻的妈妈看着儿子，说道："可不能这么说，这位叔叔不是故意的。"这时，那位青年也连连向她道歉。儿子听到这些，惭愧地低下了头。

　　几天以后，妈妈早早地下了班，她骑着车子来到学校，准备接儿子回家，结果发现儿子的手破了皮，血一滴一滴地往下流。妈妈心疼极了，赶快找来一些纱布，将他的伤口包好，然后就去问老师是怎么回事。老师也很纳闷，因为她既没有看到他来报告，也没有听到他哭过。

　　妈妈不解地问："为什么没有告诉老师呢？"儿子笑着说道："妈妈，小朋友不是有意弄伤我的呀！因为这事，他已经深感不安了，如果再去告诉老师，他会更加自责的。"

　　妈妈听了非常高兴，她摸着儿子的头说："好孩子，你已经学会了谅解别人。"

故事中的妈妈用自己的实际行动，为孩子树立了正确的榜样，在孩子幼小的心田里播下了一颗宽容的种子，让孩子懂得了一个人要学会宽容和关心他人。

孩子的宽容心是一种非常珍贵的感情，它主要表现为对别人过错的原谅。这种感情对于孩子个性的健康发展，尤其是情感的健康发展，以及对于孩子良好人际关系的建立有着非常重要的意义。

富有宽容心的孩子往往心地善良，性情温和，惹人喜爱，受人拥护，而缺乏宽容心的人往往性情怪诞，易走极端，不易为人亲近，因而人际关系往往不好。因此，教孩子学会宽容尤为重要，这不仅仅是为孩子今天能和伙伴处理好关系，更是为孩子将来的人生奠定基础。

宽广的胸怀不是天生的，是靠后天的培养和教育形成的。生活中，父母要注意培养孩子拥有一个宽广的胸怀，从日常生活、学习中加以注意，抓住每一件可资教育的事情，不断对孩子进行宽容待人的引导和教育，逐渐使宽容的理念融入他们的品格之中。

1.为孩子做出宽容的表率

宽容的种子往往需要父母用心去播种，只有宽容的父母才能培育出宽容的孩子。孩子最初是从父母那里学习待人接物的方式的。所以，只有父母宽容、大度、遇事不斤斤计较，与邻里、同事之间融洽相处，孩子就会学着父母的样子处理与同学之间的关系，也会变得宽容、好善、乐与人处。

2.让孩子学会理解他人

理解他人，会体现一个人的胸襟。父母要让孩子学会以一颗平常心来对待别人，真正理解别人。因为每个人都有这样或那样的缺点，也会犯这样或那样的错误，而只有学会理解别人，才能容忍别人的缺点和错误。

3.教孩子学会换位思考

许多孩子只习惯于从自己的角度思考问题，而不习惯于站在别人的角度上思考问题。要消除这种现象，办法就是教孩子学会从他人的角度来看待问题，让孩子把自己置于别人的位置，并站在他人的角度来思考问题。这样做孩子不仅可以了解别人，还会赢得友谊。父母应该教育孩子经常自问："要是我处在这种情况下，我会怎么想呢？又会怎么做呢？""我现在应该为他做点什么，他的心里是不是会感觉好受一些呢？"这样，孩子常常会看到问题的另一面，从而养成宽容的品格。

4.宽容孩子的错误

孩子犯错误是很正常的事，父母对孩子的错误不要太苛刻，给予孩子宽容，他也能学会宽容。

第七章
克服拖拉和低效，做高效率的领导者

让孩子学会做事有计划

古人讲：凡事欲则立，不欲则废。说的就是计划的重要性。计划是实现目标的重要手段。所谓"一等人计划明天的事，二等人处理现在的事，三等人解决昨天的事"，养成事前计划的习惯，确实是所有成功人士的共同特点。

好的计划是成功的开始。只有事前拟订好了行动的计划，梳理通畅了做事的步骤，做起事来才会应对自如。凡事三思而后行，事前多想一步，事中少一点盲点。只有做好规划，心中有蓝图，才能够临阵不乱，稳扎稳打地获得成功。

美国前总统罗斯福是一个注重计划的人。他时时把他所要做的事都记下来，然后拟订一个计划表，规定自己在某时间内做某事。如此，他便按时做各项事。从上午9点钟与夫人在白宫草坪上散步起，至晚上招待客人吃饭为止，整整一天他总是有事做的。当该睡觉的时候，因为该做的事都做了，所以他能完全丢弃心中的一切忧虑和思考，放心地去睡觉。细心计划自己的工作，这是罗斯福之所以办事有效率的秘诀。每当一项工作来临时，他便先计划需要多少时间，然后安插在他的日程表里。因为能够把重要的事很早地安插在他的办事程序表里，所以他才能把许多事在预定的时间之内做完。众所周知，罗斯福是美国历史上极其伟大和极受美国人民爱戴的总统之一，并成为美国历史上唯一实现连任4届总统的人，还曾赢得美国民众长达7周的高支持率，创下历史纪录。

身体残疾的罗斯福之所以能做到连健全人也做不到的事，主要是跟他的人生富有计划性和目标性紧密相关。

计划与成功是分不开的，有了计划就有了目标，就有了前进的方向，就能迈向成功的彼岸。成功的人就是善于规划他们的人生，他们知道自己要达到哪些目标，拟定好优先顺序，并且拟订一个详细的计划，按计划行事。

做事有计划对于一个人来说，不仅是一种做事的习惯，更重要的是反映了他的做事态度，是能否取得成就的重要因素。对于孩子来说，做事有计划同样是非常重要的。

一项调查表明，凡是学习成绩落后的同学，大多在学习中缺乏有计划的头脑，没有合理安排好时间，常常是一味的埋头苦干，结果付出也不少，但收效不好，事倍功半。解决这个问题的最好方法就是让孩子学会做事有计划，即对自己要做的事情有具体的时间规定，有准备，有措施，有安排，有步骤。

孩子总有一天是要自立于社会、自立于人生的，如果能从小培养孩子的计划性，自己的生活自己安排，自己的人生目标自己定，这对于孩子今后生活的幸福和成功无疑是有巨大帮助的。

玲玲刚上小学一年级，最近，妈妈发现玲玲有些不对头，常常是想起什么做什么，做不到三分钟，又想做别的事情。结果所有事情都是乱七八糟的，没有一件事情能做好，有时候还会把奶奶折腾得焦头烂额。

于是，每天晚上睡觉之前，妈妈都会来到玲玲房间，问她明天准备做些什么。开始玲玲摇头，"等明天再说吧。"她总是这样说。妈妈做玲玲的工作，说："明天再说可不行，如果你明天想吃冰淇淋，妈妈买不到怎么办？你把想做的事情都提前想好了，明天妈妈好替你安排。"妈妈这么一说，玲玲开始认真去想，但总是想起这个忘了那个，不够全面。妈妈说："这样吧，今天妈妈先帮你计划一下，明天晚上你再照着妈妈的计划想后天的。"玲玲也觉得这样比较好，答应了。接着，妈妈帮助玲玲制订了第二天的计划：早晨8点起床，10分钟穿衣服，收拾卧具，10分钟刷牙洗脸，20分钟吃早餐……妈妈说着，玲玲听着，小脑袋一个劲儿地点。

第二天，在妈妈的监督下，玲玲有计划地做了一天事情。晚上睡觉的时候，妈妈问她："玲玲，这样有计划地做事是不是很好？"玲玲由衷地点头。妈妈就说："那好，现在你就把明天要做的事情想好，然后告诉妈妈。"玲玲想了一会儿，把第二天想要做的几件事罗列出来，然后把每天需要做的事情加在一起，就形成了一张计划表。

后来，玲玲渐渐养成晚上睡觉之前，把第二天要做的事情想一遍的习惯，第二天再做起事来，非常有条理。她现在已经不用妈妈提醒了。

做任何事情都应该有计划，只有这样事情才能够有条不紊地进行下去。而做事有计划是一种习惯，在孩子的成长教育过程中要有意识地帮助孩子养成这种习惯，这是一件对于孩子的一生都非常有意义的事情。

做事有计划不仅是一种做事的能力，更是一个人性格的一部分。高尔基说："不知明天该做什么的人是不幸的。"提高计划观念和计划能力，能使孩子成为有条理地安排学习和生活的人。这种计划观念和计划能力，每个孩子都应该学习和具备，这对一生都有好处。

让孩子做事有计划是每一位家长朋友的良好愿望，然而真正付诸行动却没那么简单。因为即使是大人也很难做到有计划地去做每一件事，更别说自制力相对来说还比较差的孩子。所以说，培养孩子做事有计划的习惯，既是培养孩子，同时也是在锻炼家长。家长应对孩子从小用心进行培养。

1.指导孩子做计划

生活中，有很多孩子做事没有计划，想起什么做什么，往往是做了这件事，忘了那件事，到头来什么事情也做不好。孩子做事没条理没计划，说明孩子的逻辑思维能力不强，处理问题缺乏系统性。所以，父母要教会孩子做事之前有计划。

2.让孩子严格执行计划

制订了计划不去执行，等于没有计划，甚至比没有计划更糟糕。因为这样很可能让孩子养成一种不好的习惯，缺乏执行计划的行动力。父母要向孩子强调计划的重要性，计划一旦制订后，必须让孩子按计划办事，不能随意更改，也不能半途而废。要尽量讲清楚为什么这样做的道理，使孩子愿意遵守规范，乐于执行有关要求。

3.完成计划要给予奖励

如果孩子能够完成计划，家长可以适当给予奖励。奖励的内容最好征求孩子本人的意见，可以在周末陪孩子去游乐园，可以陪孩子吃一次麦当劳，也可以在经济条件许可的情况下，给孩子买一件他喜欢的礼物。奖励是一种父母为孩子庆祝的方式，一定要让孩子体会到父母的欢乐。

惜时如金，教孩子管理好自己的时间

在时间飞逝的年代，谁能够把握、利用时间，谁就最能够接近成功的终点。美国前总统林肯曾说过："每个人都要树立时间观念，都应珍惜时间，要学会利用有限的时间，在限定的时间内办完事，把握零碎的时间，做好时间管理的计划。"

著名的物理学家爱因斯坦认为，人与人之间的最大区别就在于怎样利用时间。我们出生时，世界送给我们最好的礼物就是时间。不论对穷人还是富人，这份礼物是如此公平：一天24小时，我们每一个人都用它来投资经营自己的生命。有的人很会经营，可以把一分钟变成两分钟，一小时变成两小时，24小时变成48小时……他用上天赐予的时间做了很多的事，最终换来了成功。其实，这世界上的伟人、元首、科学家、发明家、文学家等，最成功之处就是运用时间的成功，他们都是运用时间的高手。

歌德是德国最著名的作家，一生创作勤奋，留下了诗歌、游记、小说、剧本等140多部作品。其中的书信体小说《少年维特之烦恼》和诗剧《浮士德》已成为世界文学名著。他为什么能取得如此惊人的成就呢？关键在于他一生非常珍惜时间，把时间看成生命的有机组成材料。

一天，歌德经过小儿子的房间，随意到房间里翻了一下小儿子书桌上的一本纪念册。纪念册上有这么一句话：人生有两分半的时间：一分钟微笑，一分钟叹息，半分钟爱，因为在这爱的半分钟里他死去了。

歌德看后，十分生气，自言自语地说：“这是什么？把时间分得那么仔细？还说爱的半分钟内那人死去，简直是荒唐到了极点。”

歌德埋怨着，他的小儿子进来，看到爸爸脸上带着不满意的神色，问：“爸爸，你怎么了？不高兴了吗？”

“当然不高兴了！你这句话是什么意思？”说着，歌德把纪念册递给小儿子。

小儿子看了一下，咯咯笑说：“爸爸，没有什么呀！不是挺好的吗？你看看，一分钟微笑，一分钟叹息，半分钟爱。”

“你既然把人生分成两分半的时间，为何不化为一个整体呢？那么，一个人知道自己是一个整体，就会视时间为生命，不浪费一分一秒。”

小儿子辩白说：“不是这样的，爸爸！我的意思是说，一个钟头有60分钟，一天就超过了1000分钟，我们要把一生中的每个钟头当作60分钟使用，这样，每一分钟都用到具体点上，一生才光彩。”

歌德听了，细细一琢磨，恍然大悟，连连夸赞小儿子极具聪慧头脑。从此，歌德就把一个钟头当作60分钟使用，直到他84岁临终前还是孜孜不倦地坚持着。

一位哲人曾说过，会珍惜时间、利用时间的人才是生活的强者。有的人一辈子活得庸庸碌碌，其实不是他们不聪明、不努力，而是没有利用好时间；相反，有的人一举成名天下知，是因为他们能够利用好人生当中的每一分钟，做驾驭时间的主人。一个人的生命价值，取决于这个人对时间利用的多少。生命每一段、每一分、每一秒都是值得珍惜的，应把每一分钟都当成最后一分钟来对待，让每一分钟都过得有价值、有意义。

时间对于每个人来说都是非常重要的，对孩子来说也是如此。如何教孩子珍惜时间、有效地利用人的短暂的一生，去成就辉煌的学业和事业，这是每一位家长应该认真思考的人生课题。

暑假的一天下午，小强边用手揉着眼睛边背着单词。

"儿子，你怎么现在背单词，你记得住吗？"

"哎哟，妈妈，真被您说中了，我背了老半天，一个也没记住，我该怎么办呢？"小强一边用手揉了揉太阳穴，一边叫苦道。

"那你为什么不选择早晨背单词呢？"

"早晨？哦，我在补写昨天的日记。"

"那昨天晚上你不写日记，干什么去了呢？"

"我在看一本智力游戏的书。"

"那你知道自己一天中学习效率高、记忆力最好是什么时候吗？"

"早晨和中午。"

"那你为什么不在这个时间记单词呢？"

"这……我……"

瞧瞧，小强就是一个典型的不会合理安排时间的孩子。

现实生活中，像小强这样不善于利用有效时间的孩子还大有人在。难怪许多家长也都抱怨孩子松松散散、拖拖拉拉，"一点时间观念都没有"。不珍惜时间，无法合理安排时间的孩子往往缺少自我控制的能力，缺乏不断前进的动力。

著名教育家马卡连柯说："任何孩子从顶小的年纪起，就应当受严守时间的训练，清清楚楚地给他们划出行动的范畴。"这表明了他十分重视对孩子进行时间教育的态度。

时间是非常宝贵的，如果父母在早期教育中让孩子养成了良好的时间观念，就等于给了孩子知识、力量、聪明和美好的开端。因为善于利用自己时间的人将会获得高效率的办事结果，也是最能出成绩的人。因此，我们必须帮助孩子充分利用有限的时间，指导孩子学会管理时间。

1.教育孩子树立时间观念

教育孩子珍惜时间不是一件容易的事，因为年幼的孩子还不能理解时间是怎么回事，更不懂得生命对于自己只能有一次。一般要到少年期，抽象思维比较发达，自我意识逐渐成熟，这时，孩子才逐渐明白时间的无限性和人的生命的有限性。父母要让孩子知道，人生1／3的时间处于求知阶段，1／3多一点是为社会服务阶段，最后1／3是衰老阶段。其中去掉生病、睡眠、休息、娱乐，有效的求知、工作的时间是很短的。因此。一定要让孩子从小珍惜时间，使孩子逐渐认识到珍惜时间的重要性，逐步树立时间观念，增强时间意识，从而在学习与生活中养成珍惜时间的好习惯。

2.帮孩子制定作息时间表

孩子没有养成良好的作息习惯，就不会具备合理把握时间的能力。为了提高孩子的时间观念，父母可以和孩子一起制定一个作息时间表，让孩子感觉到时间的流逝以及时间与自己某些活动的联系，最好是具体到细节，如什么时间起床，洗漱需要多长时间，吃饭需要多长时间，放学后做作业和看电视多长时间，几点休息等，都要严格制定，这样会对孩子起到约束和监管的作用。对时间管理越严越细，效率越高。

3.教孩子利用零碎的时间

每个人一天的时间都一样，但是善于利用零碎时间的人，就能得到更多的益处。所谓零碎时间，是指不构成连续的时间或一个事务与另一个事务衔接时的空余时间，如车站候车或吃饭排队的三五分钟，睡前或医院候诊的半个小时，等等。教孩子珍惜这些零碎的时间，把它们合理地安排到自己的学习和生活中。比如，让孩子在排队等车的时候背背英语单词，那么积少成多，相信孩子的英语词汇量会不断地增加。

4.让孩子学会做事有头绪

孩子时间观念不强，多半是因为做事没头绪，分不清轻重缓急，分不清主次，不知从什么地方下手。家长可以要求这样的孩子准备一个记事本，把需要做的事情都记在记事本上，并对其予以分类。无论学习还是生活都可以分为两大类：一类是必须在规定时间内办理的，如上课、做作业、打扫卫生等；另一类是较为自由的，在一段时间内，什么时候办都可以，如理发、买衣服等。对于第一类要求孩子形成定时、及时完成的好习惯。比如，孩子放学回家要先做完作业后玩。对于第二类，则要求孩子学会随机办理的好习惯，完全可以在紧张的学习之余出去散心的时候办理。

5.教孩子学会守时

守时就是要求孩子有良好的时间观念，而培养孩子良好的时间观念，养成不拖拉的好习惯，应该从孩子小时候抓起，让孩子在很小的时候就感知时间，懂得及时做到答应别人的事。如果孩子不守时，而我们又一次次地原谅他，他就没有机会认识到守时的重要性。人们常说"一寸光阴一寸金"，时间和机会一样从来不等人。所以，我们要让孩子懂得珍惜时间，同时也要珍惜别人的时间，不要总是迟到，让别人等待自己。

让孩子告别拖延的恶习

在哈佛图书馆墙壁上有这样一条训言："勿将今日之事拖到明日。"哈佛大学通过这条训言告诉学生：拖延是行动的死敌，也是成功的死敌。

生活中，我们每个人都或多或少存在着拖延的不良习惯并被其所困扰。据不完全统计，有70%的大学生有不同程度的拖延习惯；25%的成年人有着慢性拖延问题。与此同时，有95%的拖延者希望减轻他们的拖延恶习。因为拖延问题，人们内心饱受煎熬却又很难从中脱逃。今天被昨天的拖延束缚，明天又为今天的拖延头疼，这无疑是令人懊恼的恶性循环。

拖延总是以借口为向导，让我们坐失机会，而借口总是合情合理，让拖延顺理成章，习惯成自然，让我们的心灵难以觉察。在不知不觉中，拖延已不仅仅是一个习惯，而且成为了一种生活方式。拖延使我们所有的美好理想变成真正的幻想，拖延令我们丢失今天而永远生活在"明天"的等待之中，拖延的恶性循环使我们养成懒惰的习性、犹豫矛盾的心态，这样就成为一个永远只知抱怨叹息的落伍者、失败者、潦倒者。

一位年轻的女士即将当妈妈了，她打算为即将出世的孩子织一身最漂亮的毛衣毛裤。她在老公的陪同下买回了一些颜色漂亮的毛线，可是她却迟迟没有动手，有时想拿起那些毛线编织时，她会告诉自己："现在先看一会儿电视吧，等一会儿再织"，等到她说的"一会儿"过去之后，可能老公快要下班回家了。于是她又把这件事情拖到明天，原因是"要给老公做晚饭"。等到孩子快要出生了，那些毛线还像新买回的那样放在柜子里。老公因为心疼老婆，所以也并不催她。后来，婆婆看到那些毛线，告诉儿媳不如自己替她织吧，可是儿媳却表示一定要自己亲手织给孩子。只不过她现在又改变了主意，想等孩子生下来之后再织，她还说："如果是女孩子，我就织一件漂亮的毛裙，如果是男孩就织毛衣毛裤，上面一定要有漂亮的卡通图案。"

孩子生下来了，是个漂亮的男孩。在初为人母的忙忙碌碌中孩子一天一天地渐渐长大。很快孩子就一岁了，可是她的毛衣毛裤还没有开始织。后来，这位年轻的母亲发现，当初买的毛线已经不够给孩子织一身衣服了，于是打算只给他织一件毛衣，不过打算归打算，动手的日子却被一拖再拖。

当孩子2岁时，毛衣还没有织。

当孩子3岁时，母亲想，也许那团毛线只够给孩子织一件毛背心了，可是毛背心始终没有织成。

......

渐渐地，这位母亲已经想不起来这些毛线了。

孩子开始上小学了，一天孩子在翻找东西时，发现了这些毛线。孩子说真好看，可惜毛线被虫子蛀蚀了，便问妈妈这些毛线是干什么用的。此时妈妈才又想起自己曾经憧憬的、漂亮的、带有卡通图案的花毛衣。

拖延让人一无所获，是对宝贵生命的一种无端浪费，这样的行为在我们的生活中不断发生。美国哈佛大学人才学家哈里克说："世上有93%的人都因拖延的陋习而一事无成，这是因为拖延能杀伤人的积极性。"

拖延，不仅仅是成年人的一种恶习，也是孩子在学习和生活中常见的毛病。生活中，许多父母都有着这样的苦恼：孩子动作太慢，做起事情磨磨蹭蹭，慢条斯理，消耗不必要的时间，降低做事的效率，尤其是穿衣服和吃饭等生活自理方面，显得极为磨蹭，让大人非常地头疼。这些行为一旦形成习惯，不单会导致孩子学习不积极，还会成为孩子以后成长的绊脚石。

　　王老师是小学二年级一班的班主任。最近，班级里转来了一个叫李涛的学生。经过一周的观察，王老师发现李涛有一些不好的习惯：写作业时注意力不集中，15分钟的作业量用半个小时还没有完成，而且错误率比较高；中午就餐时，其他同学都已经吃完，李涛还有一半以上没吃；放学前整理书包也总是会拖成最后一个。

　　根据李涛的在校表现，王老师邀请了李涛家长来学校面谈，从其妈妈的言语中了解到李涛这样的坏习惯在家里也经常出现：每天早上妈妈要叫很久他才起床，还要妈妈帮忙穿衣、洗脸，有时甚至还需要喂早饭，然后匆匆忙忙赶去上学；放学回家先看电视、玩手机，要等到妈妈下班回家才开始做作业；每天都要家长一再催促，才马马虎虎整理书包。

孩子做事拖拉，多源于家庭教育环境的影响和良好教育方式的缺失。对于做事拖拉的孩子，不少家长总是心急如焚，一味地批评甚至打骂绝对不是好方法，孩子的慢性子并不是天生的，所以我们一定要对症下药，用耐心和爱心帮助孩子逐步改正，不要操之过急，要注意总结方式方法，不断提高孩子的速度，进而帮孩子改掉拖延的坏习惯。

　　1.让孩子正确认识时间的价值

　　生活中，很多孩子没有时间的紧迫感，也不会科学地利用时间。家长可以通过具体事例，让孩子懂得惜时如金的重要意义。比如，首先让孩子认识时钟，懂得时间与生活的关系，知道做事不能拖拉、浪费光阴，要惜时如金、争分夺秒。同时，可以给孩子讲古今中外名人惜时的名言和故事，让孩子知道遵守时间、珍惜时间的重要性。

　　2.让孩子为自己的事情规定一个期限

　　凡做一件事，让孩子给自己规定一个期限，是避免他拖拉行事的有效措施。在初期，他的这个期限最好公之于众，让别人知道他的期限，并期望他按时完成。这样孩子就会有一种压力，他的自尊心会敦促他努力如期完成此事。

3.让孩子养成"今日之事今日毕"的好习惯

生活中，许多孩子都会有意或无意地把今天应该做的事情拖到明天去做，他们觉得反正有的是时间。然而，到了明天，发现要做的事又增加了不少，于是又将其中的一部分事情拖到后天，如此形成恶性循环。因此，父母应当让孩子养成"今日事今日毕"的好习惯，告诉孩子如果将今天的事情留到明天，就会占用明天的时间，这样不仅会落后，还会耽误明天的学习。

4.让孩子为磨蹭付出代价

有时让孩子为自己的磨蹭付出代价，去品尝磨蹭的后果，也是一个改掉孩子磨蹭毛病的好方法。比方说，如果孩子起床洗漱、吃早餐动作很慢，上学快要迟到了，可以不催促他，不妨让他迟到并自己向老师解释迟到的原因，对自己的行为负责。当孩子为自己的"磨蹭"付出代价后，才懂得珍惜时间，提高效率。

帮孩子克服马虎、粗心的坏习惯

粗心是一种很常见的现象，无论在生活、工作或是学习中，人人都有过这样的体验，并因此而受到损失。比如，不小心把钥匙丢在家里，如果一下子等不到家人回家就只好找开锁公司。又如，有的孩子在考试中因粗心而导致会做的题目还是答错等。这样的"粗心"所带来损失通常是不大碍事的，只是给当事人多添了点小麻烦，"粗心"若是发生在工作、高考等重大场合，它所带来的就不仅仅是小麻烦了，那损失往往不可计算，甚至无法弥补。

　　有一年全国小麦价格开始上涨，一家私营面粉厂的业务员来到小麦产区采购小麦。这时产区的一些粮库大都是待价而沽，不想卖粮食，经不起业务员的纠缠，粮库的负责人说："粮食有的是，卖给你也行，一吨1000元，你要不要？"

　　这位业务员拿不定注意，他不知道自己出来这半个多月全国的小麦涨到什么价钱了，于是给公司老板发电报问："一万吨小麦，每吨1000元，价格高不高？买不买？"

　　老板看到电报后生气地对秘书说："真是乱弹琴，哪有这么高的价格，现在最高的价格也不到900元，给他发电报，就说价格太高！"

　　秘书赶紧跑到邮局发了个电报："不太高。"

　　没几天，业务员带着签订的购销合同回来了，老板莫名其妙，追查原因才知道，秘书发电报时，"不"字的后面少了个句号。如果履行合同势必给公司带来100多万的经济损失，后来经过多次协商赔偿了对方15万元才算了事。当然这位秘书不久就被辞退了，而他在当地再也无法找到工作，不得不远走他方。

　　"不太高"和"不。太高"，只差了一个小小的句号，却相差十万八千里，而这都是粗心惹的祸。事实表明，1%的疏忽，就可能导致100%的失败。有时，粗心虽然是一个小毛病，但是它对人的一生危害相当大。

　　其实，粗心这种毛病不仅存在于成年人身上，在孩子身上表现得更明显、更突出。纵观成年人中的粗心者，多是从小养成的坏习惯。

　　赵雷是一个聪明的孩子，但有一个毛病就是做事粗心、马虎。从上小学开始，妈妈就天天叮嘱赵雷：要细心、细心、再细心。可赵雷粗心的毛病却越来越厉害了。无论是平时做作业还是大考、小考，赵雷的作业及卷面正确率总是不高，不是少写个小数点、就是多写个零，不是看错了题、就是抄错了已知数。考试时，各门功课总会因粗心而失分，所以尽管赵雷反应快、脑子灵活、接受能力强，可成绩总是不理想。

在生活中，赵雷做事也是经常丢三落四，时常忘记带笔记本或作业，而且他的房间、书桌凌乱不堪，还不许妈妈收拾，常常为找东西把房间翻得一片狼藉。为此，妈妈很头疼。

其实，孩子做事不细心的坏习惯不是一两天养成的。在很大程度上，孩子做事不细心和家庭教育也是密切相关的。由于孩子从小就生活在一个无序的家庭中，没有一定的作息时间，没有一个好的生活习惯，做事随心所欲，东西摆放杂乱无章，自然就很难养成细心的好习惯了。所以，从小培养孩子做事细心的习惯至关重要。

俗话说得好："细心万事能成，粗心十事九空。"对于孩子来说，养成"认真"的习惯是非常重要也是非常必要的。因为，"马虎""粗心"是学习上的大忌，也是生活上的大忌，正如美国成功学家马尔登所说："马马虎虎、敷衍了事的毛病可以使一个百万富翁很快倾家荡产；相反，每一个成功人士都是认认真真、兢兢业业的。"

认真就是不放松对自己的要求，就是严格按规则办事做人，就是在别人苟且随便时自己仍然坚持操守，就是高度的责任感，就是一丝不苟的生活态度。而一旦养成了认真的习惯，那么不管对待学习，还是对待生活，无论做什么，都会力求达到最佳境地，丝毫不放松；无论做什么事情，都不会轻率疏忽。

既然认真如此重要，家长一定要帮助孩子克服马虎、粗心的毛病，拿出更多的耐心和宽容，加强对孩子的训练，培养他们良好的生活和学习习惯。要知道，孩子细心的好习惯是在日常生活中一点一滴养成的。

1.让孩子认识到粗心的危害

家长可以以生活为实例，让孩子认识速度、质量与效益之间的关系，认识到粗心马虎可能带来严重后果。如果身边有亲戚或朋友从事精密、细致的工作，家长不妨带孩子去看看他们的工作情况，这样会给孩子较大的积极影响。

2.让孩子的生活有条理

一个好的习惯，不单单只体现在学习方面，而是与生活习惯密不可分的。如果平日里做事情都丢三落四、缺乏条理、喜欢走捷径，那么在学习上也同样容易粗心。因此，家长要在日常生活中训练孩子做事有条不紊、严谨的好习惯，这对孩子学习方面会有很大的帮助。

家长要引导孩子养成整齐有序的生活习惯。生活上，让孩子养成保管自己物品的好习惯，不仅仅是学习用品，衣服、鞋子等也要放到自己的柜子里，自己保管。学习上，要培养孩子养成当天的作业当天完成、做完作业要检查、课前要预习、课后要复习等好习惯。

3.表扬和奖励孩子的每一次进步

如果孩子犯了一点错误，父母就简单归结为粗心、不用功，甚至小题大做批评一通，孩子就会形成一种意识，觉得自己就是一个粗心的孩子。相反，家长经常表扬孩子细心，那么，在孩子心里就有一种"我很细心"的心理暗示。如果我们努力去寻找孩子的细心点，并肯定他、鼓励他，孩子便会感觉自己真的很细心。同时让孩子看到细心的好处，从而让其产生克服粗心的主观能动性，才能从根本上解决问题。当孩子的细心点越来越多的时候，细心便成为了孩子的一种习惯。

4.从培养孩子的责任心做起

孩子做事不认真，最根本原因是缺乏责任心所致。一个有很强责任心的人，做任何事情都不可能马虎、不可能粗心。所以要培养孩子做事细心的习惯，首先要从责任心的培养做起。有了责任心，他自然能够小心谨慎地对待每一件事情，从而避免马虎。

生活中，家长应该从小让孩子做一些他力所能及的事，让他负责扫地或者洗碗，这就是他的责任，干好了要给予鼓励或奖励，干不好就要求他重来一遍，直至干好为止。总之，让孩子对自己的事情负起责任来。这样，就能逐渐地培养起孩子的责任心，孩子在遇事时就不会敷衍了事。

目标专一，培养孩子的专注力

专注力是一个人能高度集中于某一件事情的能力，也是一个人学习和做事能否成功的关键，对人的一生都是至关重要的。有关专家做过调查，人与人相比，聪明的程度相关不是很大，但如果专心的程度不同，取得的成绩就大不一样。凡是做事专心的人，往往成绩卓著；而时时分心的人，终究得不到满意的结果。

专注是成功的第一要素。一个专注的人，往往能够把自己的时间、精力和智慧凝聚到所要干的事情上，从而最大限度地发挥积极性、主动性和创造性，努力实现自己的目标。爱迪生曾说："能够将你的身体和心智的能量，锲而不舍地运用在同一个问题上而不感到厌倦的能力就是专注。对于大多数人来说，每天都要做许多事，而我只做一件事。如果一个人将他的时间和精力都用在一个方向、一个目标上，他就会成功。"

一天，奥地利作家斯蒂芬·茨威格去乡下探望好朋友、著名雕塑家奥古斯特·罗丹。在简朴的工作室里，罗丹兴高采烈地介绍自己的新作——一个女性半身像。他仔细地审视着这幅作品，对旁边的茨威格说："只有那肩膀上的线条还显得有些僵硬。对不起……"

　　说着，罗丹顺手拿起一把小刀就开始摆弄起这尊雕像，自顾自地干了一个多小时，把身边的茨威格忘得一干二净。除了理想中的雕像外，他脑子里再也装不下任何东西，工作就是他存在的唯一理由。终于，完美的雕像诞生了，大功告成！

　　然后，罗丹心满意足地朝门外走去，却突然发现了一直耐心等待的客人。他觉得非常过意不去，连忙向客人道歉："对不起，先生，我简直把你忘记了。"

　　虽然被冷落了一个多小时，茨威格却感叹道："我在这一天的收获，比在学校几年的收获还大。我从来没有见过一个人可以如此专注地工作，甚至忘了时间和整个世界，这太让我感动了。在这短短一个小时里，我懂得了成功的秘诀——专注。只要我们全神贯注地工作，无论大小，最终一定会成功。"

　　专注是一种巨大的力量，它在一个人追求成功的过程中，起着不可估量的作用。正如哈佛大学的第22任校长洛厄尔所说："想让一个人的大脑发挥最佳的状态，那么就让它不间断地处理一件事情，这样专注地去做、去想，最后必定会取得最好的成效。"成功没有捷径可走，成功来自于专注。人的精力总是有限的，成功者可能一生要做很多事情，但在一段时间内，只有集中精力投入一个目标，才容易成功。

　　心理学教授辛迪·勒斯蒂格通过实验发现，同时做很多事，并且做成功，几乎是不可能的，不断地转换任务会使效率降低将近四成。著名的效率提升大师博恩·崔西有一个著名的论断："一次做好一件事的人比同时涉猎多个领域的人要好得多。"富兰克林将自己一生的成就归功于"在一定时期内不遗余力地做一件事"这一信条的实践。一次只做一件事，就是专心致志，全神贯注，不受任何内心欲望和外界诱惑的干扰，对既定的方向和目标不离不弃，执着如一，不懈地努力。

　　1832年1月，"贝格尔"号停泊在大西洋佛得角群岛的圣地亚哥岛港，水手们背着背包去考察海水的流向，达尔文和他的助手也出去搜集矿物标本。

　　一路上，达尔文把各式各样的石头敲下来放进背包，装满石头的背包异常沉重，一会儿累得他出了一身汗，背包带还深深地勒进了他的肩膀里，但是他好像丝毫没有感觉，仍然沉浸在满载而归的喜悦之中。

　　路经一片树林，达尔文又被一棵老树吸引住了。突然，他发现，在将要脱下的树皮上有虫子在动。此刻，他的心情就像哥伦布发现了新大陆一样兴奋。他急急忙忙剥开树皮，捉出两只奇特的甲虫，兴奋地把它们抓在手里，仔细观察。

　　正在这时，树皮里又跳出一只甲虫。他更兴奋了，就急忙把手中的一只甲虫塞进嘴里藏起来，腾出手来再去捉另外一只甲虫。

　　看着这些奇怪的甲虫，达尔文爱不释手，竟把藏在嘴里的那只甲虫给忘记了。那只虫子在他嘴里被憋得实在受不了，就释放出一股毒辣的汁液，把他的舌头蜇得又麻又痛，这才让他从那种忘我的兴奋中想起嘴里的那只甲虫，连忙吐出来。后来，人们为了纪念达尔文，就把他发现的这种虫子命名为"达尔文"。

　　因为对生物学的执着，使达尔文在研究时常常处于一种如痴如醉的状态中，这正是他成功的一个最重要的原因。

　　对于任何人来说，有一个专注的心态很重要。一个人若能从小养成做事专注的习惯，将会给自己的人生奠定成功的基础。

　　专注来自于对目标的专一，目标专一才会集中精力、体力，才会越钻越深，从而聚集并放大了人的力量，推动人们不断走向成功。但专注力不是一下子迸发的，它通常是一种习惯、一种积累后的勃发，因此，家长要想孩子将来成功，就要从小注意培养孩子的专注力，让孩子做事有一种专注的精神，才能投入进去做得更好。

1.了解不同年龄孩子专注的时间

心理学家研究表明，儿童专注力的稳定性是随着年龄的增长而延长的。一般来说，2～3岁时，专注的时间是10～12分钟；5～6岁时，是12～15分钟；7～10岁时，是20分钟；10～12岁时，为25分钟；到了12岁，就可以达到30分钟以上。所以，如果想让10岁的孩子60分钟坐在那里去专注地完成作业几乎是不可能的。很多时候，家长也不要总去抱怨孩子的注意力不集中，很可能他的集中时间已经过去了。我们需要根据这个数据来具体情况具体分析，帮助孩子在他能够集中精神的时间段内，将时间合理利用起来。

2.给孩子创造良好的学习环境

环境对孩子专注力的培养有重要的意义，并且直接作用于孩子的心理状态。孩子常会因各样的刺激物的干扰而出现专注力分散的现象，声音嘈杂的环境，杂乱无章的屋子，不正常的家庭生活，所有的这一切都严重地影响着孩子的专注力。所以，家长要给孩子营造安静舒适的学习环境，给孩子专注做事的空间，给孩子独力做事的自由性，家长要控制好自己嘴巴，不要去打断孩子，否则孩子的注意力就会转移或受影响，注意力就会大大地分散。

3.结合孩子的兴趣培养专注力

兴趣是最好的老师，不管谁在做自己感兴趣的事情时，总会很投入、很专心，孩子也是如此。孩子对事物的兴趣越浓，其稳定、集中的注意力越容易形成。生活中我们会发现，小孩子在做某些事情时总是心不在焉，而在做另一些事情时却能全神贯注、专心致志。因此，父母可以利用孩子的兴趣和爱好，培养孩子的专注力。

第八章
创造成就美好的未来，
有创造力的孩子
更具领导力

培养孩子非凡的创造力

创造力是人类特有的一种综合性本领。它是指产生新思想，发现和创造新事物的能力。简单地说，创造力就是创新的能力。

创造力是人最重要和最有价值的一种能力。一个孩子将来有多大成就，关键就看他的创造力如何。

1994年，中国内地、澳大利亚、新西兰、印度、中国香港等9个国家和地区参加的"未来家庭娱乐产品概念设计大赛"，中国内地共有20所学校1300多名选手参赛，真可谓阵容强大、气势磅礴。然而，比赛结果却令人寒心，两个组的冠军、亚军、季军中国内地孩子连边也没沾上，最后只获得一个带有鼓励性质的纪念奖。在人家闪耀着想象大胆、构思独特的作品面前，中国孩子的作品显得那样苍白，缺乏独创性，这怎能不令中国内地的家长们感到震惊！

世人周知，中华民族是一个富有智慧的民族，中国孩子智商高，在各类知识性考试中往往是出类拔萃的，但中国孩子的思考力和创造力为什么不如人家呢？

看看下面这个故事，你或许就会有一些启示。

有一个5岁的小男孩，他常一个人在家玩耍。有一次，他看见一盏台灯，觉得很好玩：为什么按一下就会亮？想拆开来看看里面有什么，就趁妈妈不在时，偷偷地拿到墙角边拆了起来。妈妈回来后，看到被孩子已拆得乱七八糟的台灯，十分生气，将小男孩狠狠地打了一顿。

在生活中，这样的场景时有发生。父母心疼物品被孩子损坏这是正常心理，但这"打了一顿"所造成的后果是从此禁锢了孩子的好奇心，扼杀了孩子的创造力。这代价太大了！

其实，孩子自降临到世上的那一刻起，就对周围的世界感到好奇，在他们内心深处有着对周围世界追求和探索的愿望。刚出生的婴儿，会用眼睛去观察周围的事物，用小手去触摸身边的东西，用小嘴去吮吸品尝食物的味道，用耳朵去倾听来自不同方向的声音，虽然只是单纯的感觉，却也是探索世界的第一步。

正由于这些创造性的实践活动，才体现出孩子的创造性。就如儿童教育家陈鹤琴先生所说："儿童本性中潜藏着强烈的创造欲望，只要我们在教育中注意引导，并放手让儿童实践探索，就会培养出创造能力，使儿童最终成为出类拔萃的符合时代要求的人才。"否则，这种可贵的创新精神萌芽，就会被扼杀在摇篮中，孩子只能在模仿顺从中长大，失去创造的机会、条件和信心，而最终很可能成为平庸的、缺乏独立见解的人，被时代所抛弃。

创造力是孩子成长的生长点，善待他就是善待孩子的生命，保护并且发展孩子的创造力，是培养造就创新型人才的第一步。瑞士著名的心理学家和教育家皮亚杰指出："教育的首要目标在于培养有能力创新的人，而不是重复前人所做的事情。"

创造力的培养有多种途径，如学校的、社会的，当然作为孩子教育的主要场所——家庭，则是创造力培养的摇篮。家长作为孩子的第一任老师，对孩子创造力的培养肩负着重要的使命。在生活中，只要家长做有心人，创造一定能让孩子的生活变得更加绚丽多彩。

5岁的苗苗刚学会拿画笔，很喜欢涂鸦。有一次，王叔叔去她家里玩，看到孩子正在画画，孩子画的是一个蓝色的圆圆的东西，王叔叔没有看出来那是画的什么，于是，他问孩子在画什么，孩子回答说："香蕉。"

王叔叔正纳闷的时候，苗苗的爸爸走过来看了一眼，说："嗯，你画得不错。"说着还摸了摸孩子的头。这让王叔叔更疑惑了，这不是在误导孩子吗？

事后，王叔叔问孩子的爸爸："孩子用蓝颜色画香蕉，你怎么不去纠正孩子的错误呢？"苗苗的爸爸诧异地说："我为什么要纠正？孩子有这样的想法，说明她有创造性思维啊，或许她以后真的可以培育出蓝色的香蕉。现实生活中的香蕉，她自己吃的时候就会明白它是什么颜色的。"

创造力是孩子智慧的源泉，也是促进潜能发展的原动力，是将来孩子卓越发展的基础。有研究表明，人的创造力的发展始于幼儿时代。每个幼儿都具有潜在的或正在萌发的创造力，而这种创造力对促进孩子的全面发展起着重要作用。因此，家庭教育中如何培养孩子的创造力是每一个家长应该思考的问题之一。

1.保护孩子的好奇心

好奇心是孩子获得知识的一个很重要的门径，好奇、好问、探究、发现、创造往往都是密切相关的。许多发明和创作并不是事先预料到的，往往是在好奇心的推动下，经过创新性思维得出来的。所以，父母要珍视并且善于保护孩子的好奇心，正确激发和引导孩子的好奇心，为孩子提供安全的创造环境，点燃孩子学习新鲜事物的欲望。

2.鼓励孩子的探索性行为

冰心曾说过："淘气的男孩是好的，淘气的女孩是巧的。"孩子爱玩，喜欢探索未知的事物，并不意味着孩子是坏孩子，相反，这正是孩子创新能力的开始和萌芽，父母不仅不应该制止，还应该有意识地保护和珍惜，给孩子充足的时间和空间，让他们有机会去发现和研究感兴趣的事物及想法。只要孩子是安全的，父母就应积极鼓励他的各种探索。

3.鼓励孩子大胆想象

创造离不开想象，孩子靠想象力开启幻想世界。只有在这种自由幻想世界里，创造性思维才会萌发。家长应尽量发掘孩子进行活动的想象功能，促发想象。比如，孩子一会儿把扫帚当马骑，一会儿把它当冲锋枪，一会儿又用它来堆雪人，其中有丰富的想象，有"发散思维"，发现了同一事物的不同用处，这就是创造性的表现。对于孩子富有想象力的图画，凭想象拼搭的东西，自编的故事，等等，都应该给予肯定和赞赏。

另外，对于孩子所表现出的、所谈论的理想和抱负，以及建立于幻想上的自我概念等，不要认为孩子荒唐，异想天开，不切实际，或微不足道，不屑一顾，要给予支持和指导。同时要耐心地帮助他们，使孩子明白过多、过分夸大的表现是不正确的。引导他们从正确的思路上去想象、去创造，理想要与实际相接近，与实际生活相符。

训练孩子敏锐的观察力

人的智力活动是从观察开始的，一个人对周围事物"视而不见，听而不闻"，他的精神世界就很贫乏，智力活动就会成为无源之水。

所谓观察力，就是全面、正确、深入地观察事物的能力。观察力也是人在长期社会实践中形成的一种比较稳固的认识特点，是构成人的智力结构的重要要素之一。

任何的发明和创造都离不开观察与实践。观察是培养创造性的重要途径之一。只有养成了细心观察生活的习惯，我们才能发现新现象。达尔文曾对自己的工作做过这样的评价："我没有突出的理解力，也没有过人的机智，只是在觉察那些稍纵即逝的事物并对其进行精细观察的能力上，我可能在众人之上。"俄国伟大的生理学家巴甫洛夫在他实验室建筑物上刻着："观察、观察、再观察。"世界上许多的著名发明创造和论著学说都是在观察的基础上，通过积极的思维活动完成的。

芬森是丹麦的一位科学家。他家里养了一只猫，这只猫非常调皮，一天到晚总是闯祸，不是打碎主人家的东西就是偷吃东西，难得安静一会儿。

一个夏日的午后，芬森感到很闷热，就到阳台上去乘凉。一走到阳台他就发现那只淘气的猫正静静地躺在地板上晒太阳。芬森觉得很奇怪，真是太反常了，这猫今天怎么这么安静呢？因为他知道这只猫平时非常顽皮，而且这么热的天，为什么猫还要晒太阳呢？

起初，芬森并没有在意，自顾自地坐在一旁乘凉。但是他后来发现只要阳光照不到猫身上，它就会移动到有阳光的地方。"奇怪，难道猫还怕冷吗？"芬森自言自语道。出于好奇，他走到猫身边去看个究竟。他伸手轻轻地抚摸着猫的身体，说："你在干什么呢？""喵！喵！"猫当然不会说话。突然，芬森发现猫身上有一个伤口，而且伤口已经化脓了。难道猫是在用太阳光治疗伤口吗？如果是这样的话，那究竟是什么物质可以治疗伤口呢？是不是我们肉眼根本看不见呢？接下来的几天，芬森通过观察发现，这只猫每天都会晒太阳，而且化脓的伤口也在一天天愈合，看来自己之前的推断没有错。

为了证实自己的推断，芬森开始对太阳光进行研究。他收集了很多资料，做了大量的实验。终于，他发现太阳光中有一种我们肉眼看不见的光线，他将这种光线命名为紫外线。紫外线具有杀菌的作用，用来治疗疾病效果很好。后来，紫外线就被广泛应用于医学，成为医护人员不可或缺的好帮手。

芬森对紫外线的研究对现代医疗事业做出了突出贡献，并于1930年获得了诺贝尔医学奖。

观察是创造的基础，观察是智慧的"眼睛"。只有通过观察去获得大量的感性材料，接受各种各样的信息，大脑这部复杂的"机器"才能正常地运转起来，人们才能发现新问题，形成新思想，从而有所发明，有所创造。

对孩子来说，观察是认识世界、增长知识的主要手段，它在孩子的实践活动中，具有重大的作用。现实生活中，有许多父母不注意培养孩子的观察力，没有把观察力的培养放在应有的位置上。这样最大的弊病就是抑制了孩子思考能力的提高。俄国生理学家巴甫洛夫说："观察，观察，再观察。"培养孩子观察的习惯，对发展孩子的智力是十分重要的。

卜镝，8岁时获全国儿童画比赛一等奖，9岁时出版新中国第一本个人儿童画集，并先后在中国的青岛、深圳、香港、澳门、台湾，以及荷兰、德国等地区和国家举办个人画展。他的父母是如何教育儿子取得成功的呢？

当卜镝的父母意识到，在孩子脑力和心理发展的过程中，观察力具有相当重要的意义时，便不失时机地利用游戏对卜镝进行有效的训练，让他的观察力得到快速地提高。当父母发现卜镝热爱观察大自然这一特点时，便经常带着他去参加各种活动，让他感受外部世界，丰富他的感性经验。父母还不断引导卜镝以游戏的方式，养成善于观察的习惯，从而引导他走上了画画儿的道路。

一天，爸爸下班回来，看到地板上涂满了密密麻麻的粉笔道子。便弯下腰仔细一看，不禁高兴地叫起来："画得太好了！"卜镝画的是他自己和森林里的动物伙伴们一起捉迷藏的有趣情景。而他却说是画着玩的，看来孩子是把画画儿当成一种开心的游戏了。

从游戏中得到启发，父母懂得在鼓励孩子勤于观察的同时，还要注意让孩子善于观察。

随着孩子的成长，父母不断地把卜镝送入新的生活中去，让他用自己的眼睛去发现"美"，而卜镝也正是在生活中用他自己的眼睛发现了美，然后用画笔富有创造性地表现出了这种美。在每次观察活动结束后，卜镝都会记美术日记。把他的爱、他的激动，把他眼里、心里的愿望都凝固在纸上。他的日记与日俱增，这些成了他童年生活的缩影，也为他日后的成功打下了坚实的基础。这个好习惯使他拥有了一双聪明的眼睛，观察到了别人看不到的东西。他用欣赏的眼光去观察世界，用爱的情怀去感受世界，用热情的图画去表现世界。

善于观察的好习惯，使卜镝走上了画画儿的道路；观察的积累与发现，使卜镝踏上了成功之路。

观是看，察是想。让孩子留心身边的小事，不仅仅是让孩子知道事物是这样的，还必须让孩子知道为什么是这样的。有了这种观察，孩子就有了注意、记忆、想象和思维。如果把孩子的观察比作蜜蜂采花粉，那么思维就等于是酿造蜂蜜，没有花粉就酿不出蜂蜜。没有细心的观察，孩子的思维就会因为缺少素材而得不到良好的发展。观察是认识的基础，是思维的触角。因此，父母应该充分利用身边的小事，引导孩子有意识地去观察。

观察力是一个人不可缺少的心理品质。良好的观察力不仅对科研、治学和成才有重要作用，对孩子智力的提升也是很有助力的。学习知识和科学研究，本质上都属于认识过程，都遵循"从生动的直观到抽象的思维"的规律。要搞好学习，就应当先进行认真的观察，以获得丰富的感性认识。通过观察，孩子可以获得丰富的感性材料，不仅有助于理解那些不易掌握的理论知识，而且还有助于提高孩子的学习兴趣，激发求知欲望，调动学习积极性。所以，作为父母，从小就应该注重培养孩子的观察能力。

1.为孩子创设观察的条件

日常生活中可供孩子观察的东西是很多的，如日月星辰、风雪雷电、花草树木、鸟兽鱼虫等。家长应注意选择孩子能理解的事物，引导孩子进行观察、思考，培养孩子的观察力。另外，在家里要为孩子创设一些观察的条件，如：种一些花草树木，养一些金鱼、鸟、蚕之类的小动物，也会给孩子带来观察的兴趣。只有经常性地对孩子进行训练，他的观察能力才会不断地得到发展。

2.提出观察要求，指导观察方法

当孩子表现出对事物的观察兴趣后，父母应教会孩子如何观察。不论孩子观察什么，父母应提出一定的观察要求。例如，带孩子上动物园，应该告诉孩子要观察的内容和要求，以使孩子有目的、有意识地观察，而不是眉毛胡子一把抓。同时，要教给孩子观察的方法。

观察的主要方法有：

（1）综合观察法。即先局部后整体或先整体后局部的观察方法，以达到对观察对象全面正确的认识。

（2）动静观察法。动态观察指按先后顺序或方向位置观察物体的变化；静态观察指按物体的颜色、形状等进行观察，建立基本数学概念，理解数学法则。父母要指导孩子学会动静结合观察法，为孩子以后看图数数和看图算式打下基础。

（3）对比观察。比较是一个鉴别的过程，只有通过比较才能提高孩子的观察能力。比如，让孩子观察其他孩子的绘画作品，并同自己的作品进行比较，肯定好的，指出不足。

（4）重点观察。在事物完整的发展过程中，必定有一个环节是主要的，如植物生长是其从生到死过程中的最主要的环节，这个环节是重点观察的对象。这些训练对培养孩子抓主要问题、抓中心环节、掌握大局都有好处。

（5）反复观察。对于某一动作可让孩子进行重复观察，这种方法可以强化孩子大脑皮层形成暂时性的联系，并能使各个暂时性联系之间相互贯通，逐步形成动作的连贯一致。反复观察能形成孩子对事物的整体认识，并掌握复杂的、难度大的各个环节。

（6）顺序观察。事物的发生一般都有一个先后顺序，如植物的生长。让孩子认识一个事物发展的全部过程，建立一个完整的概念，使孩子养成按顺序观察的好习惯。让孩子有顺序地观察，能使他们有条理地思考，达到思路清晰、言之有序，逻辑思维能力增强。一般来说，观察是由近及远或由远及近；从上而下或从下而上；从左到右或从右到左；先中间后四周或先四周后中间；由表及里或由里及表等。

3.教孩子把观察和思考相结合

观察力是感知与思考的结合，只观察而不思考是不会有新发现的。在培养孩子观察能力的同时，我们还要引导孩子在观察中积极思考。只有在观察的同时积极地思考，孩子才会更有目的、有针对性地去观察。

生活中，父母应该鼓励孩子多提问，可以让孩子问父母、问老师，甚至是问陌生人，在不断的观察中去寻找问题的答案，并抓住事物的本质。同时，还要鼓励孩子在观察后进行整理，对获得的材料做必要的分析和综合，从而得出科学的结论。

培养孩子无限的想象力

想象力是人类独有的能力，是人类智慧的生命线。在创造发明和探索新知识的过程中，想象力是一切希望和灵感的源泉。

在人的智力活动中，想象占有十分重要的地位。智力要素中的观察力、记忆力、思维力在学习中的作用主要是获取知识。想象力的作用主要是创造新知识。

想象是创造力的萌芽，孩子创新意识和创造能力的培养，也是从想象开始的。还未经文明熏染的孩子，其思维模式还没有被纳入社会公认的体系中，他们天马行空、稀奇古怪的想法其实正是可贵的想象力的火花。

在美国，曾发生过这样一个故事：

1968年，内华达州一位叫伊迪丝的3岁小女孩告诉妈妈，她认识礼品盒上"OPEN"的第一个字母"O"。这位妈妈听后非常吃惊，问她是怎么认识的。伊迪丝说是"薇拉小姐教的"。

令人想不到的是，这位母亲立即一纸诉状把薇拉小姐所在的幼儿园告上了法庭，她的理由令人吃惊，竟然说幼儿园剥夺了伊迪丝的想象力，因为她的女儿在认识"O"之前，能把"O"说成苹果、太阳、足球、鸟蛋之类的圆形东西，然而自从幼儿园教她识读了"O"后，伊迪丝便失去了这种能力。

诉状递上去之后，幼儿园的老师们都认为这位母亲大概是疯了，一些家长也感到此举有点莫名其妙。

3个月后，此案在内华达州州立法院开庭，最后的结果却出人意料，幼儿园败诉，因为陪审团的23名成员都被这位母亲在辩护时讲的一个故事感动了。

这位母亲说："我曾到东方某个国家去旅行，在一家公园里见过两只天鹅，一只被剪去了左边的翅膀，一只完好无损。剪去翅膀的被放养在较大的一片水塘里，完好的一只被放养在一片较小的水塘。当时我非常不解，那里的管理人员说，这样能防止它们逃跑。他们的解释是，剪去一边翅膀的天鹅无法保持身体的平衡，飞起后就会掉下来，因此可以放在大水塘里；而在小水塘里的天鹅，虽然没有被剪去翅膀，但起飞时因没有必需的滑翔路程，也会老实地待在水塘里。当时我非常震惊，震惊于东方人的聪明和智慧。可是我也感到非常悲哀，今天，我为我女儿的事来打这场官司，是因为我感到伊迪丝变成了幼儿园的一只天鹅，他们剪掉了伊迪丝的一只翅膀，一只幻想的翅膀，他们早早地把她投进了那片小水塘，那片只有26个字母的小水塘。"

这段辩护词后来竟成了内华达州修改《公民教育保护法》的依据，其中规定幼儿在学校必须拥有的两项权利：

1. 玩的权利；

2. 问为什么的权利，也就是拥有想象力的权利。

爱因斯坦说："想象力比知识更重要，因为知识是有限的，而想象力是无限的。想象力是知识进化的源泉。严格地说，想象力是科学研究中的实在因素。"世界上凡是具有创造性的活动，都是想象的结晶。没有想象，人类就没有预见，也就没有发明创造，没有艺术创作。人们在实践生活中，会不断遇到新问题，产生新的需要，而想象是解决这些问题和需要的非常必要的条件。总之，人的一切实践都是离不开想象的。

想象力是一种创造性的能力，是孩子应该具备的强大的智慧力量。俄国教育家乌申斯基说："强烈的活跃的想象是伟大智慧不可缺少的属性。"孩子正处于想象力最丰富的时候，虽然缺乏一些专业知识的基础，但有可能正是因为孩子没有固定的思维方式，才可以天马行空，激发孩子丰富的创新能力。

德国著名作家歌德是个独生子，父母很疼爱他，对他的教育也十分用心。父亲经常拉着小歌德到公园里游玩，或者到田野里散步。这些时候，父亲总要教他唱些通俗易懂的歌谣，父亲的用意是想在游戏中向儿子灌输一些知识。

母亲的教育艺术更不亚于父亲。在歌德刚刚两岁的时候，妈妈每天像上课一样给儿子讲故事，先从讲小故事做起，并且形成习惯。然后给儿子讲一些"长篇"故事。为了使歌德养成多动脑勤思考的好习惯，母亲从不一次性把故事讲完，而是常常在故事讲到关键处时有意停住，问歌德："你说以后该怎么样啊？"

母亲像老师给学生留作业那样，让歌德自己回去好好想象以后的情节，到底应该怎样才合乎情理。歌德对母亲留的作业，非常认真地去完成。晚上，他躺在床上，回想着母亲讲的故事，按照故事发展的脉络想象下去，设想故事发展的各种可能，做出各种各样的猜想，有时还同奶奶商量，直到想出一个自己认为满意的答案为止。

父母出色的家庭教育，使歌德在文学、音乐、绘画多方面受到了良好的熏陶。歌德8岁时便懂4国语言，成年后写下了许多名著——如《浮士德》《少年维特之烦恼》等，一直流传于世。

成功的文学创作离不开特殊的想象力，而未成年时期又是这种特殊想象力形成的关键时期。德国大作家歌德所拥有的敏感和想象力，得归功于她的母亲。

可见，孩子的想象力是无限的，家长如果在孩子小时候能培养孩子善于想象的习惯，那么，等孩子长大以后就会发挥出无限的创造精神，获得更大的成功。

每个孩子都是极具想象力的天才。鲁迅说过："孩子是可敬佩的，他常想到星月以上的境界，想到地面下的情形，想到花卉的用处，想到昆虫的语言，他想飞到天空，他想潜入蚁穴。"所以正确引导、保护好孩子的想象力是一件不容忽视的事。想象给孩子提供了充分自由发展的空间，想象力决定着一个人可以走多远。

孩子的想象力是无处不在的，家长其实不需要做太多的事情，放开自己的思维，放开孩子的手脚就可以取得事半功倍的效果。在平时的生活中，父母要给孩子自由想象的空间，鼓励孩子异想天开，保护孩子珍贵的想象力。

1.允许孩子异想天开

在培养孩子想象力的同时，也要注意保护孩子的想象力。儿童教育专家认为，孩童时代是培养想象力的最佳时期，孩子奇异丰富的想象往往孕育着促成奇妙的创新。因为世界上的任何创新都萌芽于看似幼稚的异想天开之中。孩子虽然没有成年人那么多的知识经验，但却可能更富有想象力，因为他们更少固定的"答案"与"思维模式"。想象力成长所需要的土壤是宽容的、放松的、自由的与多样的。因此，当父母发现孩子有与众不同的思维方式时，千万不要轻易地责备他，而要设法鼓励他展开丰富的想象翅膀。

2.扩大孩子的知识面

相关研究表明，丰富的想象力以丰富的知识和经验为基础。而一切科学的创造、技术上的革新以及艺术上的创作，都是在丰富的知识和经验的基础上，通过创造性想象而取得成功的。所以，只有不断扩大孩子的知识面，孩子的想象才能丰富。生活中，父母要让孩子扩大知识面，头脑中储存更多的信息，除了多读一些课外书籍外，最好的办法就是让孩子参加社会实践活动，不断接触各种事物，使其在孩子的头脑中留下深刻的印象，这些印象就会成为孩子丰富想象的材料。另外，父母也要注意启发孩子多观察、记忆形象、具体的东西。

3.带孩子接触大自然

自然是智慧之源。如今，城市里的孩子被钢筋水泥、旧的思想观念隔断了与大自然的接触与联系，变得更孤独了，家长可多带孩子到大自然中去，丰富孩子的生活，开阔孩子的视野。花鸟虫鱼、风雨云雪、山河湖泊……大自然中有许多神奇的现象、有趣的东西，它可以引起孩子们无穷的遐想，给以智慧的启迪，产生新的想法。那种只想把孩子关在家里，只想让孩子写字、画画儿、背诗的方法，只会把孩子培养成书呆子，绝不可能培养成有想象能力的人。

4.鼓励孩子编故事、讲故事

从科学的角度来说，编故事、猜谜语不仅有利于发展孩子的形象思维和逻辑思维的能力，而且还能让孩子体验到一种积极的情感。美国著名儿童智力发展研究专家简·海丽认为，鼓励孩子编故事不仅是一种语言训练，更重要的是，它能帮助孩子运用自己的想象力与推理能力，得出出乎意料的结论。生活中，家长要积极鼓励孩子编故事、讲故事，即便孩子编的故事不符合逻辑常理，也不要冷言冷语，更不能随便阻止。为了训练孩子的想象力，家长可以引导孩子按照某个主题去编去讲，适时地给予赞扬，指出不足。好的故事，让孩子用笔记录下来，不断修改。天长日久，孩子的想象能力会越来越强。

鼓励孩子多提问题

美籍华人李政道教授一次在同中国科技大学少年班学生座谈时指出："为什么理论物理领域做出贡献的大都是年轻人呢？就是因为他们敢于怀疑，敢问。"提问是学习的开始，如果一个人没有疑问，那还要学什么呢？提问是孩子思考的标志，也是孩子进行创新创造的前提。

提问是一种思考和钻研，是具有探索意识的表现。孩子从会说话起，就开始会提问。由于年幼，所提的问题往往十分荒唐："人为什么要睡觉呢？""兔子为什么跑得那么快呢？""为什么火车要在铁轨上跑？""为什么鱼要在水中游？""冬天河水为什么会结冰？""为什么雨后会有彩虹？"……他们无休止的提问经常把大人们搞得很尴尬；他们离奇的"问"，也常把大人弄得瞠目结舌。

其实，提问是孩子求知欲的表现形式之一。孩子由于年龄小，对未知事物充满好奇，他们会以好奇的心态向父母提问，这些问题是孩子了解世界、培养创新能力的重要途径，父母千万不要对孩子的问题置之不理，或是嫌弃孩子的提问过于荒诞而对他嘲笑或批评，否则，孩子会逐渐失去好奇和热情。

有个男孩，经常缠着妈妈给他讲故事。一天，妈妈给他讲聪明的小白兔战胜可恶的大灰狼的故事，他不解地问妈妈："为什么小白兔就是好的，大灰狼就是坏的呢？"

妈妈先是愣了一下，接着狠狠地给了儿子一个耳光，她声色俱厉地说："笨蛋！这难道还用问吗？"

男孩"哇"地一声哭了。妈妈不耐烦，又狠狠地抽了儿子两下说："哭，哭，有什么好哭的。这么笨还好意思哭！"

男孩莫名其妙地挨了打，却不知道自己错在哪里。那天晚上，他躺在床上，心里愤愤地想：你是大人就可以不回答我的问题，就可以不讲理吗？你力气大就可以随便打我吗？

从此他不再缠着妈妈讲故事，也失去了听故事的好奇心，但心中却留下了仇恨。13岁时他因为打架伤人进了工读学校，现在还在工读学校上高二。他那有着研究生学历的妈妈，怎么也不会相信，自己一记重重的耳光，不仅剥夺了儿子的提问权，也打飞了儿子的好奇心，打跑了儿子的自尊心。

事实表明，如果家长对孩子的提问态度粗暴、横加训斥，或者漫不经心、敷衍了事，就会扼杀孩子好问的天性，让孩子的积极性受挫，久而久之，孩子就不再喜欢提问了。

古人云："学贵多疑。"不疑不进，小疑小进，大疑大进，多疑好问，通过思考解决了问题就获得了知识，就更有学问了。提问就是儿童智慧之芽，若大人不让他的疑问得到满足，无形中将会摘掉苗壮的智慧之芽，是很可惜的。所以，面对孩子无休止的发问，父母应不失时机地帮助他们找到比较满意的答案，并要有意识地鼓励孩子多思多问。

　　一个5岁的孩子特别爱问问题。一次他从幼儿园回来，神秘地问他的妈妈："妈妈，你知道唾沫是什么味儿吗？"

　　"不知道。"妈妈坦白地说。

　　"唾沫是臭的！"男孩肯定地说。

　　"你是怎么知道的？"

　　"我把唾沫舔在手心上，一闻，真臭！"说着，他还做了个示范。

　　妈妈一闻，果然很臭，忙说："这是一个重大发现！唾沫在我嘴里待了这么多年。我怎么就不知道呢？可能是'久闻不知其臭'吧！"

　　儿子很得意，每次从幼儿园回来，都要问一些莫名其妙的问题。长大了，他很有创意，做事也有自己的主张。

　　孩子之所以好问，是因为他们有一颗强烈的好奇心，而好奇心是孩子与生俱来的，爱护好孩子的好奇心是父母的责任和义务。正因为孩子对很多事物陌生，他才会感到新奇，才会提问，才会想试着去做。当孩子向我们提出问题时，应尽量给孩子以较圆满、正确的答案，并不失时机地肯定、表扬孩子爱动脑筋的习惯。

　　1.保护孩子的好奇心

　　好奇心是孩子们提问的第一动力，孩子在有好奇心的基础上才会生出探索与发现世界的热情，所以父母应该珍惜和善待孩子的好奇心，正确激发和引导孩子的好奇心。

　　2.鼓励孩子多提问

　　爱提问，说明孩子能够主动思考、积极探究，并且勇于展现自我。在生活中，父母一定要鼓励孩子多提问、善于提问，培养孩子爱提问的好习惯。特别是在辅导孩子学习时，父母应该在孩子力所能及的范围内，让孩子多说、多问、多思考，让孩子自己"跳起来摘果子"。

3.认真回答孩子思考中提出的问题

对于孩子提出的稀奇古怪的问题，绝不能随便嘲笑、讽刺或不屑一顾，而是要予以高度重视，并耐心细致地给予解答，回答不了的，则要鼓励孩子努力钻研，寻找答案。父母也可以经常给孩子提出一些问题，让孩子的大脑经常处于活跃状态，通过这种方式来锻炼孩子的思维能力。

4.鼓励孩子自己寻找答案

当孩子提出一个问题时，如果问题太难，考虑到孩子回答不出来，可以直接把答案告诉孩子。如果问题不是太难，孩子自己动脑筋后能够回答，父母则不要将问题的答案说出来，而要对孩子进行启发，鼓励孩子从多个角度去观察、去思考。

5.鼓励孩子敢于质疑

西方教育传统提倡的是敢于质疑，而中国人从小就被教育要听话，不敢挑战权威、不敢质疑。一成不变的生活则会造就一个个"小绵羊"，在这样的体制下，孩子的想象力、创造力等，可以说无从谈起。所以，家长平时应当鼓励孩子大胆质疑，并及时回答他提出的"为什么"，培养他多问多思的习惯。

重视孩子的好奇心

哈佛大学校长陆登庭在"世界著名大学校长论坛"上说："如果没有好奇

心和纯粹的求知欲为动力，就不可能产生那些对人类和社会具有巨大价值的发明创造。"好奇心是智慧富有活力的最持久、最可靠的特征之一。

科学家研究得出，好奇心的作用主要有三点：第一，它能促使我们主动学习，并且能让我们从学习中获得快乐；第二，它会延长记忆在大脑中留存的时间；第三，也是最重要的一点，它能引发一系列我们自己预料不到的成长，这种成长不仅体现在知识的增长上，还体现在对未来预测和判断误差的降低上。综上所得，好奇心对于人成长成才都大有裨益。对孩子来说，更是如此。

好奇是孩子的天性，是驱使孩子去认识世界、改造世界的动力，也是孩子成长的第一步。《美国科学家》杂志曾向75名科学家提问，了解他们成为科学家的原因是什么。耶鲁大学教授尼尔·米勒说："我的父亲用各种办法激发我对大自然和科学的好奇心。"田纳西大学医学教授马拉克·科特布说："父亲用小球和积木教我行星的知识，用壶中沸腾的开水向我解释雨的形成……童年的经历给我留下了终生的印象。"可见，童年的家庭教育和经历对一个人能否保持可贵的好奇心，并把好奇心引向科学探索道路往往起着非常重要的作用。

蒸汽机的发明者瓦特从小就是一个充满好奇心的孩子。有一次，他在厨房里看祖母做饭。灶上坐着一壶开水。开水在沸腾。壶盖"啪啪啪"地作响，不停地往上跳动。瓦特观察好半天，感到很奇怪，就好奇地问祖母说："什么玩意儿使壶盖跳动呢？"

祖母回答说："水开了，就这样。"

瓦特又追问："为什么水开了壶盖就跳动？是什么东西推动它吗？"

可能是祖母太忙了，没有功夫答对他，便不耐烦地说："不知道。小孩子刨根问底地问这些有什么意思呢。"

瓦特在他祖母那里不但没有找到答案，反而受到了冤枉的批评，心里很不舒服，可他并不灰心。

连续几天，每当祖母做饭时，他就蹲在火炉旁边细心地观察着。最后，他终于发现：只要水烧开，壶盖就不停地跳，他把盖子掀开，蒸汽就冒了出来，他接着又把盖子盖上，盖子又开始不停地跳。经过瓦特反复的试验，他明白了一个道理：原来是蒸汽在下面推着壶盖，让壶盖跳动。这就是瓦特发明蒸汽机的起点。

好奇心是兴趣的"先头部队"，也就是说有了好奇心的驱使，孩子就会去探究，找出答案。而在探究的过程中，因为发现的热情，可能由此引发兴趣。在这当中知识就会逐渐积累、增加，所以善用好奇心的求知动力，可以开启孩子的智慧之门。

保护和培养孩子的好奇心，是帮助孩子成为终身学习者的最重要方式之一。美国学者希克森特米哈伊在谈到创造性人才的因素——好奇心的重要性时，明确提出，"通往创造性的第一步就是好奇心和兴趣的培养"。他认为，好奇心是需要保护的，也许所有的孩子都有好奇心，但好奇心能否保持到成年，在很大程度上依赖于早期生活受到的鼓励。幼儿好奇心很强，这也许与他们知识经验贫乏有关。在他们看来，周围环境中的许多事物都是新奇的，很多都出乎他们的预期，他们想要观察、探索、询问、操作或摆弄这些事物。这些都是好奇心的外在行为表现。如果这些行为能得到更多的鼓励与支持，就会逐渐内化为幼儿的人格特征；相反，如果缺少环境的鼓励与支持，这些行为会逐渐消退，表现为对新奇事物的冷漠、回避等心理倾向，从而不利于创造性人格特征的形成。

小远的爸爸很喜欢养花，家里的花很多。一天，小远突发奇想地剪下了几枝月季花和太阳花，悄悄地埋到了泥土中，还煞有介事地为它们浇水。过了两天，他看到月季花都蔫了，但是太阳花却开花了，还冒出了几个新芽。

小远很纳闷，因为两种花是按照同样的方法种的，可却是不同的结果。他带着自己的疑问去找爸爸。爸爸看见自己的花被孩子破坏了，心里很生气，但他转念一想，这正是孩子好奇心的体现啊。

于是，爸爸控制住自己的情绪，给小远讲了为什么会出现那样的情况。他相信，鼓励孩子的每一点新想法，对孩子会是莫大的帮助。

好奇心是促使孩子去探索和思考的动力，爱护好孩子的好奇心是父母的责任和义务。作为家长，不仅要尊重、保护和正确引导孩子的好奇心，而且应努力激发他的好奇心，多鼓励孩子去问、去做；对孩子提出的问题和要尝试的事情给予积极的支持。

1.鼓励孩子寻根问底

细心的父母会发现，只要是孩子感兴趣的知识或者东西，他很快就能学会。碰到他感兴趣的话题，他也会寻根问底，不停地追问，直到问出个所以然来。其实，这是孩子好奇心的表现。因此，父母应该鼓励、支持孩子"打破砂锅问到底"的行为，也许哪一天他就成了未来的科学家。

2.认真对待孩子的提问

当孩子问父母问题的时候，父母千万不要嘲笑孩子的幼稚，更不要推开孩子说："烦死了。"在面对孩子一个接一个问题时，父母不要因麻烦而敷衍，应该很认真地对待，越是小的孩子越是要如此。

3.让孩子多接触广大的世界

一般来说，人只有对过去从未见过的新鲜事物才产生好奇心，因此，一个成天关在屋子里从不与外界接触的孩子，不可能产生什么好奇心。要培养孩子好奇心，必须给他们提供广泛接触外界事物的机会，接触新事物越多，产生好奇心的机会就越多。比如，春天可带孩子去观察小树以及其他植物的生长情况；夏天带孩子去游泳、爬山；秋天带他们去观察树叶的变化；冬天又可引导他们去观察人们衣着的变化，看雪花纷飞的景象。孩子通过参加各种活动开阔眼界，丰富感性认识，提高学习兴趣。

4.鼓励孩子的探索性行为

冰心曾说过："淘气的男孩是好的，淘气的女孩是巧的。"孩子爱玩，喜欢探索未知的事物，并不意味着孩子是坏孩子，相反，这正是孩子创新能力的开始和萌芽，父母不仅不应该制止，还应该有意识地保护和珍惜，给孩子充足的时间和空间，让他们有机会去发现和研究感兴趣的事物及想法。只要孩子是安全的，父母就应积极鼓励他的各种探索。

鼓励孩子动手实践

有一句话叫作"心灵手巧"，灵巧的手是一个人大脑发育良好的标志之一。科学证明，动手能提高孩子的想象力、创造力，进而提高孩子的智力。很多好动的孩子虽然不安分但是很聪明，经常动手做一些小东西，孩子的创造力和想象力会特别丰富，所以试着让孩子动动手，培养孩子的动手能力是父母的明智之举。

有位日本医学博士对手与脑的关系做了多年研究后指出："如果想培养出智力开阔、头脑聪明的孩子，那就必须让孩子锻炼手指的活动能力。"苏联教育家苏霍姆林斯基曾说过："手和脑之间有着千丝万缕的联系，手使脑得到发展，使它更明智；脑使手得到发展，使它变成思维的工具和镜子。"由此可见，大脑发育对手灵巧的重要性，而手动作的灵敏又会反过来促进大脑各个区域的发育。这就是人们常说的"眼过百遍，不如手做一遍"的道理。

报纸上曾有这样一则消息：某中学有位老师让学生做制取氧气的实

验，在操作中竟然有很多学生不会划火柴，有的同学划了十几根都没有把酒精灯点着。这则消息无疑是令人震惊的：孩子连划火柴这样最简单的生活技能都不会。

为什么会出现这样的情况呢？其最根本的原因，就是平日里家长只注重孩子们的知识教育，却忽略了对孩子们的实践培养，从而造成他们动手能力较差的现状。

因此，我们应该重视对孩子动手能力的培养，千万不要让他们只积累了知识却不懂得如何运用。未来社会需要更多有知识又能动手的人，我们要让孩子在未来能有立足之地。

杰出科学家卢瑟福的人生成就与他从小受到动手能力的训练是分不开的。

卢瑟福的父亲是一个聪明又肯动脑子的人，特别喜欢搞点"小发明"。在开办亚麻厂时，他用几种不同的方法浸渍亚麻，制造水车，他还设计过其他一些装置以提高生产效率。

卢瑟福从小对父亲的发明创造很感兴趣，经常参与和帮忙。在父亲的指导下，卢瑟福也喜欢动手，他对周围的一切都感兴趣，年龄越大越表现出非同寻常的创造天赋。

童年时代的卢瑟福曾发明了一种可以发射"远射程炮弹"的玩具炮，还巧妙地设计出增加射程的方法。稍大一些，他修好了家里一个搁置了好多年的坏钟，这让全家人大吃一惊。不过，父亲却非常高兴。为了满足自己照相的欲望，卢瑟福用自制的材料和买来的透镜，制造出一部照相机。

卢瑟福这种自己动手制作和修理的本领，对他后来的科学生涯起了极大的促进作用。别人无法做的实验，他总可以设法在自制的仪器上进行。

著名教育家陶行知先生说："人有两件宝，双手和大脑，双手能做工，大脑能思考。"活动是认识的基础，智慧从动手开始。动手操作是我们获得知识、发展能力的重要依据。所以，家长不能只是一味要求孩子好好学习，还要培养孩子的动手实践能力。学习的最终目的是为了更好地把知识转化为实践。在实践中，我们可以不断动手、动脑、动嘴，在培养和锻炼自身能力的同时可以有效发现自身存在的不足并及时改进提高，以适应社会的需要。

美国华盛顿一家图书馆墙上有这样醒目的一句话：我听见了，就忘记了；我看见了，就记住了；我做过了，就理解了。由此可知动手操作的重要性。

现在社会越来越强调实践能力的重要性，如果我们的孩子缺乏实践能力和动手能力的话，那么必定会被社会淘汰。只有手脑联合才能产生智慧。因此，我们要培养孩子的动手实践能力，将所学的知识运用到实践中去，真正使知识转化为能力。

1.改变重知识、轻能力的观念

"纸上得来终觉浅，绝知此事要躬行。"实践是检验真理的唯一标准，教育更需要的是实践。孩子亲身体验后的记忆更为强烈，感受也更深刻，所以实践是一种积极有效的教育方式。我们要提醒孩子，如果学到了知识，能在生活中去运用的，最好自己动手实践一下，找到这一知识的使用途径，从而将书本知识转化为自己的经验。

2.让孩子学会自理

生活中，父母要有意识地培养孩子的自理能力，提高孩子的动手能力。在孩子能自己动手做一些日常小事的时候，父母要放手让孩子去做。比如，扫地、擦玻璃、收拾自己的房间、洗一些简单的衣物等，这些家务都可以锻炼孩子的动手能力。即使孩子做起事来常常"笨手笨脚"，也千万别因嫌孩子麻烦或碍手碍脚而剥夺孩子做家务的机会。

3.给孩子创造动手实践的机会

人的能力是在实践中获得的。日常生活中，父母要有意识地为孩子安排一些动手操作的内容，如让他自己制作玩具、剪贴、手工折纸等，或者鼓励他做一些小实验。父母在实践活动中要不断向孩子提出要求，促使孩子主动去克服困难，在这个过程中，孩子的能力得到了发展。

第九章
学会自我管理，
增强孩子的领导力

孩子真正的成长，是学会反省自己

德国诗人海涅曾说："反省是一面镜子，它能将我们的错误清清楚楚地照出来，使我们有改正的机会。"所谓反省，其实就是检讨，就是反思在做人做事中的得失，以便把事情做得更好，与他人相处得更和谐。可以说，反省是人类进步的阶梯，人类社会的任何一点进步都是从自我反省开始的。

一般来说，能够时时反省自己的人，是非常了解自己的人。他们会时时考虑：我到底有多少力量？我能干些什么事？我的缺点在哪里？我有没有做错什么？……这样一来，他们能够轻而易举地找出自己的优点和缺点，为以后的行动打下基础。

在《战国策》中记载了这样一个故事：

战国时代的邹忌是齐国有名的美男子，他身高八尺，长得是风度翩翩。让人羡慕的是，他不仅外形英俊，而且还拥有能够治国安邦的学识，他当时是齐国的国相，辅佐齐威王治理国家。有一天早上，邹忌穿戴整齐准备出门，这个时候正好妻子从身边走过，他就拦住妻子说："我听说城北的徐公非常英俊，那么我和徐公谁英俊呢？"妻子看了看说："当然是你英俊啊，徐公怎么能够比得上你呢？"原来齐国国都邯郸的北部还住着一个徐公，也是出名的英俊之人，很多齐国的人都喜欢将邹忌和徐公做对比，认为两人是齐国的骄傲。邹忌认为妻子的话不可信，他于是转头问一旁的小妾说："你认为我和徐公谁更英俊一些？"小妾嫣然一笑，然后说："城北的徐公怎么可以和你比呢？"

　　第二天，有一个客人从远方来拜访邹忌，他们两人聊着聊着，邹忌就问客人说："你认为我和城北的徐公谁更英俊一些？"客人哈哈大笑说："当然是你更英俊一些啊。"

　　过了几天，城北的徐公有事来找邹忌，邹忌仔细端详了徐公之后，自认为自己没有对方英俊。晚上邹忌在床上反复思考这件事情，后来他终于得出结论："妻子之所以赞美我，是因为偏爱我；小妾之所以赞美我，是因为怕我；而客人之所以赞美我，是因为有求于我。而我居然相信了他们的话，而真的相信我比徐公要英俊，真的是不应该啊。"

　　邹忌很快意识到自己有喜欢听赞美而忽略了现实情况的毛病，当即他想到了有同样毛病的齐威王，于是后来就有了著名的"邹忌讽齐王纳谏"的故事。

　　上例中的邹忌贵为国相都能够清醒地认识到自己的错误，并且积极反省自己，这实在是让人佩服。

　　苏格拉底曾说："未经自省的生命是不值得存在的。"也就是说，人都必须学会自我反省，只有懂得自我反省，才能认识自我、完善自我，不断地取得进步。

　　反省是一种能力，是对自己的行为思想作深刻思考，自我检查自己的行为思想，把自己做人做事不对头的地方想清楚，然后纠正自己的错误，修正自己所走的人生道路。对成人而言，具备自我反省的能力，就能正确地认识自己的优缺点，自尊、自律，有计划地规划自己的人生。遇到困难和挫折时，能够及时调整自己的情绪，积极进取，渡过一次次难关，一步步走向成功。对于孩子来说，学会自我反省，更是关系到他们当前的良好发展和日后的人格塑造。一个不懂得自我反省的孩子，永远不会懂得自己的过错与不足，这只能为他们的成长平添许多障碍与烦恼；反之，当孩子学会了内省，便能做到"扬长避短"，获得良好的进步和发展，从而成为一个自信、自立、自律的人。只有这样的人，才能顺利地越过成长过程中的障碍，抵达成功的彼岸。

爱因斯坦小时候十分贪玩。他的母亲常常为此忧心忡忡，再三告诫他应该怎样怎样，然而对他来讲这些话如同耳边风。这样，一直到16岁的那年秋天，一天上午，父亲将正要去河边钓鱼的爱因斯坦拦住，并给他讲了一个故事，正是这个故事改变了爱因斯坦的一生。故事是这样的：

"昨天，"爱因斯坦父亲说，"我和咱们的邻居杰克大叔清扫南边工厂的一个大烟囱。那烟囱只有踩着里边的钢筋踏梯才能上去。你杰克大叔在前面，我在后面。我们抓着扶手，一阶一阶地终于爬上去了。下来时，你杰克大叔依旧走在前面，我还是跟在他的后面。后来，钻出烟囱，我发现一个奇怪的事情：你杰克大叔的后背、脸上全都被烟囱里的烟灰蹭黑了，而我身上竟连一点烟灰也没有。"爱因斯坦的父亲继续微笑着说："我看见你杰克大叔的模样，心想我肯定和他一样，脸脏得像个小丑，于是我就到附近的小河里去洗了又洗。而你杰克大叔呢，他看见我钻出烟囱时干干净净的，就以为他也和我一样干净呢，于是就只草草洗了洗手就大模大样上街了。结果，街上的人都笑痛了肚子，还以为你杰克大叔是个疯子呢。"

爱因斯坦听罢，忍不住和父亲一起大笑起来。父亲笑完了，郑重地对他说，"其实，别人谁也不能做你的镜子，只有自己才是自己的镜子。拿别人做镜子，白痴或许会把自己照成天才的。"

爱因斯坦听了，顿时满脸愧色。

爱因斯坦从此离开了那群顽皮的孩子们。他时时用自己做镜子来审视和映照自己，终于映照出生命中的熠熠光辉。

事实证明，自我反省能力能够促使孩子更快地成长。他们通过反省及时修正错误，不断地调整自己的心态和做事方法，所以孩子掌握了自我反省的能力，就等于掌握了自我完善和健康成长的秘方。

自我反思是一个思想斗争过程，孩子通过自我反思，分析自己的行为动机，检查自己的行为后果，评价自己的道德行为，思考自己与品德高尚者的差距，这样才会让自己的行为有方向，从而加强自己的品德修养。

爱默生曾说："人类唯一的责任就是对自己真实，自省不仅不会使他孤立，反而会带领他进入一个伟大的领域。"自我反省是孩子成长的一个秘诀。对成长中的孩子来说，反省的过程就是学习的过程。有没有自我反省的能力、具不具备自我反省的精神，决定了孩子能不能认识到自己所犯的错误，能不能改正所犯的错误，是否能够不断地学到新东西。父母想要孩子更快地成长，就必须让孩子学会自我反省，找到自己的优点和缺点，进而发扬优点、改正缺点，取得阶梯式的进步。

1.培养孩子每日反省的习惯

为了让孩子少走弯路，父母应该注重培养孩子在生活中养成良好的自省习惯，鼓励他们每隔一段时间或者每天对自己的行为进行反思。家长们不妨在每天结束时，让孩子好好问问自己下面的问题：今天我到底学到些什么？我有什么样的改进？我是否对所做的一切感到满意？如果孩子每天都能改进自己并且过得很快乐，必然能获得意想不到的丰富人生。真诚地面对这些提出的问题就是反省，其目的就是让孩子不断地突破自我的局限，省察自己，开创成功的人生。

2.引导孩子总结经验教训

让孩子学会总结经验教训，其实就是在帮助孩子养成自我反省的习惯。当孩子犯错误时，父母不要越俎代庖，替孩子做总结，而是要引导孩子进行自我总结和自我反省。

3.教导孩子反省后还要尽快改进

有时候，反省变成了一个口号，只是简单地说一说，却没有付诸行动，这样的反省就失去了意义。我们一定要让孩子避免这种情况的发生，要教导孩子在每一个自我反省之后行动起来，尽快改进。

4.积极引导孩子进行自我反省

孩子的成长是一个不断犯错、不断改正的过程。当孩子犯有过错时，有些家长往往不能容忍，一味责备孩子，甚至打骂孩子，结果往往事与愿违。如果家长能心平气和地启发孩子，不直接批评他的过失，孩子会很快明白家长的用意，愿意接受家长的批评和教育，而且这样做也可让孩子进行自我反省，明辨自己的过失。

孩子有多自律，就有多出众

西奥多·罗斯福总统曾说："有一种品质可以使一个人在碌碌无为的平庸之辈中脱颖而出。这个品质不是天资，不是教育，也不是智商，而是自律。"

什么是自律？其实就是一种高度的自我管理行为。即是在没有外界监督的情况下，控制自己的行为，这毫无疑问是一种优秀的能力，也是成功人士的必备能力之一。

二战后，在世界500强企业里，美国西点军校培养出来的董事长有1000多名，副董事长有2000多名，总经理、董事一级的有5000多名，超过美国任何一所商学院。这些优秀的领导人之所以优秀，都是因为他们终身都奉行着西点军校的一句至理名言：没有任何借口。这种不为自己找借口，不放纵自己的品格，是最严格的自律。而正是这种自律，才使他们带领企业，跻身世界500强之列。

有句话说得好：律己者律世，志高者品高。当一个人到了这样的境界，他的力量是不可抗拒的。众多的社会事例已经证明：有高度自我控制的人——即更加自律的人——通常能取得较高的成就，比如取得更高的成绩、争取更好的事业、拥有更健康的身体、享受更安全的人际关系。所以，你能有多成功，就看你有多自律。一个成功的人，首先是一个成功的自我管理者，一个能够自我约束、自我克制的人。华人首富李嘉诚曾说："自律是修身立志成大事者必须具备的能力和条件，希望每个人都能做到自律！"

自律是自我管理的一种能力，对人的一生有着重要影响。自律程度的高低往往体现出个人素质的高低，同时也影响着个人取得成就的大小。生活中，人们会碰到许多诱惑，一般的人往往不知不觉陷入其中；而自律的人能控制自己做出有利于自己和符合社会需要的行动。古今中外成大事者，无不拥有自律的品格。

本杰明·富兰克林，是美国"开国三杰"之一，他既是发明家，也是政治家，还是成功的商人。他在自传里坦言自己是个自律的人，并在书中列举了13项自律要求：

一、节制。食不过饱，饮酒不醉。

二、沉默寡言（缄默）。言则于人于己有益，避免无益的聊天。

三、生活有秩序。各样东西放在一定的地方，各项日常事务应有一定的处理时间。

四、决断。事情当做必做，既做则坚持到底。

五、俭朴。花钱于人于己有益，即不浪费。

六、勤劳。不要浪费时间，只做有用的事情，戒除一切不必要的行动。

七、诚恳。不欺骗人，思想纯洁公正，说话也应该诚实。

八、正直。不做不利他人之事，切勿忘记履行对人有益的义务和承诺而伤害他人。

九、中庸。勿走极端；受到应有的惩罚，应当加以容忍。

十、清洁。身体、衣服和住所应力求干净整洁。

十一、宁静。不要被琐事、普通或不可避免的事务所烦恼。

十二、贞节。仅为健康或生育的目的行房事。爱惜身体，不要损害自己或他人的安宁与名誉。

十三、谦逊。向耶稣和苏格拉底学习。

其实，富兰克林这13项自律要求，也从侧面反映出，我们人性的弱点，他一样不少，但是他用自律克服了。

关于自律，曾被誉为"经营之神"的松下电器创始人松下幸之助说过这样一句话："登峰造极的成就源于自律。"的确，人有多自律，就会有多成功。

自律的人善于克制自己的欲望，善于律己，决不做欲望的奴隶。古罗马学者纳索米说："人越伟大，越能自律。不能自律的人，就是人生的失败者。"一个人要主宰自己，就必须对自己有所约束、有所克制。因为"毫无节制的活动，无论属于什么性质，最后必将一败涂地。无论做任何事情，自律都至关重要。自我节制、自我约束是一种控制能力，尤其能控制人们的性格和欲望，一旦失控，随心所欲，结局必将一败涂地，不可收拾。

自律是一个人的基本素质。每个人都需要自律，孩子在成长的同时，也需要培养自律意识，只有当孩子有了自律意识，他才能够在社会上立足。

孩子的自我约束力在很大程度上是通过教育而获得发展的。人在刚出生的时候是完全没有自我控制和自我调节能力的，这时，儿童几乎完全受冲动和欲望的影响，很难长时间做一件事情，不能控制自己的欲望和情感，3~4岁后，才逐渐发展起自律的能力。所以在孩子2岁左右就应该对其进行自控能力的培养。

在20世纪60年代，斯坦福大学曾经做过一个著名的糖果实验：

研究人员将一群4岁左右的孩子召集到一个大教室里，给每个孩子的桌上放了一块软糖，并对他们说："我要出去一会儿，你们千万不要吃这块糖。如果谁吃了，我回来后就不再发给他糖了。如果谁能做到不吃这块糖，我就再奖励他一块糖。"说完，研究人员离开了教室。刚开始，有的孩子把手伸过去，又缩回来，伸过去，又缩回来。而一段时间之后，有的孩子就开始吃了。但还是有一些孩子没有吃糖。他们有的紧紧握住自己的手或数手指头；有的把脑袋枕在手臂上；有的数数，一二三四，不去看糖……研究人员回来后，就给坚持没吃糖的孩子每人又奖励了一块糖。

实验并没有就这样结束，他们继续跟踪观察这些孩子。等到这些孩子上了小学、初中后，研究人员发现，当初控制住自己不去吃糖的孩子，上了初中以后，大多数表现得很好，成绩突出，合作精神好，也十分有毅力；而那些当初就控制不住自己的孩子，则表现得不够好，不仅是上学时的成绩不好，走上社会后的各种表现，也都不太好。

自律是孩子具有高贵品质的一种表现，它的养成对于孩子的将来有着极为重要的影响，正如苏联文学家高尔基所说："哪怕对自己一点小的克制，都会使人变得强而有力。"孩子能够从小养成自律的习惯，就可以帮助他们克服各种不良的嗜好，也让他们学会约束自己，做什么事情都会有分寸。因此，在培养孩子的过程中，父母应该时刻严格要求自己，用自己的实际行动来证明自律的重要性，从而帮助孩子养成自律的习惯。

1.给孩子制定规矩

俗话说：国有国法，家有家规。足见规矩的重要性。孩子属于未成年人，年龄尚小，自制力不强，易于受诱惑，这些特点告诉我们教育孩子光靠自觉是不行的，需要一定的外力强制。所以，父母要是想鼓励孩子学会严格自律，就应该再为孩子制定一些行为规范（生活、学习、卫生方面等），同时，父母应该和孩子一起遵守。

2.让孩子学会控制情绪

能否控制自己的情绪，是自律的表现，对于每个人而言都是相当重要的，对孩子来说也是如此。孩子由于年幼，情绪调控能力比较薄弱，主要表现为情绪的易激动性、易感性、易表现性。父母有责任指导孩子学会管理情绪，提高自控力。

3.做自律的父母

父母是孩子观察和模仿的对象，孩子则是父母的一面镜子。一个严于律己的父母，必将拥有一个严于律己的孩子。父母的行为在某种程度上决定了孩子的行为。如果连父母都不能严格要求自己，那么就很难培养孩子的自律意识。因此，在自律这条漫长的修行道路上，父母教育孩子不单单是通过几句简单的话语就能够实现的，它更需要父母从行动上示范给孩子，让孩子知道应该如何要求自己。

4.让孩子掌握一些必要的克制技巧

（1）注意力转移法。在受到不好的刺激时，可以先想点或干点别的。例如，俄国著名作家屠格涅夫劝人在吵架将要发生时，必须把舌头在嘴里转上10个圈。

（2）心理暗示法。积极的心理暗示可以用来形成过人的意志力。比如，当坚持不下去时，告诉自己："我一定行，只要坚持！""太棒了，我又完成了一道题！还有三道题，我就大获全胜了！"等等。

（3）回避刺激法。当遇到可能使自己失去自制力的刺激时，应竭力回避。如隔壁有人骂我，就不侧耳去听，而是外出散步。这样就避免发怒造成冲突。

勤能补拙，勤奋的孩子好成才

在《洛克菲勒留给儿子的三十八封信》一书中，作者提出了这样一个观点：勤奋出贵族。他认为，那些享有地位、尊严、荣耀和财富的贵族，都有一双勤劳的手，都有一双坚强有力的臂膀，在他们身上都凸显毅力和顽强意志的光芒。而正是这样的品质或称财富，让他们成就了事业，赢得了尊崇，成为了顶天立地的人物。事实上，洛克菲勒也正是通过勤奋努力及卓越的经商才能，建立了庞大的商业帝国——标准石油公司。他曾告诫自己的儿女说："财富是身外之物，是勤奋工作的副产品。每个目标的达成都来自于勤奋的思考与勤奋的行动，实现财富梦想也依然如此。"

勤奋是成才的金钥匙，是成才的第一推动力。唯有勤奋才能让你做出非凡的事业来，也唯有勤奋才能成全你的人生和事业。

在成功的众多因素当中，勤奋是必不可少的。许多有成就的人在总结自己成功经验的时候总是不忘强调勤奋的作用，高尔基说过："天才就是勤奋。人的天赋就像火花，它既可以熄灭，也可以燃烧，而迫使它熊熊燃烧的办法只有一个，那就是勤奋。"爱迪生也说过："天才就是百分之一的灵感加上百分之九十九的汗水。" 这些名言都在反复告诉我们这样一个永恒的真理：一个人能否取得成功，不是看他有多高的天赋，而关键在于他是否勤奋。

台湾地区首富王永庆早年因家贫读不起书，只好去做买卖。16岁的王永庆从老家来到嘉义开一家米店。那时，小小的嘉义已有米店近30家，竞争非常激烈。当时仅有200元资金的王永庆，只能在一条偏僻的巷子里承租一个很小的铺面。他的米店开办最晚，规模最小，更谈不上知名度了，没有任何优势。在新开张的那段日子里，生意冷冷清清，门可罗雀。

刚开始，王永庆曾背着米挨家挨户去推销，一天下来，人不仅累得够呛，效果也不太好。谁会去买一个小商贩上门推销的米呢？可怎样才能打开销路呢？王永庆决定从每一粒米上打开突破口。那时候的台湾，农民还处在手工作业状态，由于稻谷收割与加工的技术落后，很多小石子之类的杂物很容易掺杂在米里。人们在做饭之前，都要淘好几次米，很不方便。但大家都已见怪不怪，习以为常。

王永庆却从这司空见惯中找到了切入点。他和两个弟弟一齐动手，一点一点地将夹杂在米里的秕糠、砂石之类的杂物拣出来，然后再卖。一时间，小镇上的主妇都说，王永庆卖的米质量好，省去了淘米的麻烦。这样，一传十，十传百，米店的生意日渐红火起来。

王永庆并没有就此满足。他还要在米上下大工夫。那时候，顾客都是上门买米，自己运送回家。这对年轻人来说不算什么，但对一些上了年纪的人来说，就是一个大大的麻烦了，而买米的顾客以老年人居多。王永庆注意到这一细节，于是主动送米上门。这一方便顾客的服务措施同样大受欢迎。当时还没有"送货上门"一说，增加这一服务项目等于是一项创举。

王永庆送米，并非送到顾客家门口了事，还要将米倒进米缸里。如果米缸里还有陈米，他就将陈米倒出来，把米缸擦干净，再把新米倒进去，然后将陈米放回上层，这样，陈米就不至于因存放过久而变质。王永庆这一精细的服务令顾客深受感动，并很快赢得了口碑。

如果给新顾客送米，王永庆就细心记下这户人家米缸的容量，并且问明家里有多少人吃饭，几个大人、几个小孩，每人饭量如何，据此估计该户人家下次买米的大概时间，记在本子上。到时候，不等顾客上门，他就主动将相应数量的米送到客户家里。

王永庆精细、务实的服务，使嘉义人都知道在米市马路尽头的巷子里，有一个卖好米并送货上门的王永庆。有了知名度后，王永庆的生意更加红火起来。这样，经过一年多的资金和客户积累，王永庆便自己办了个碾米厂，在最繁华热闹的临街处租了一处比原来大好几倍的房子，临街房子做铺面，里间做碾米厂。

就这样，王永庆靠勤奋努力，从小小的米店生意开始了他后来问鼎台湾首富的事业。

勤奋是一个人走向成功的坚实的基础。对孩子来说，具备了勤奋这种可贵的品质，孩子就会自强不息，顽强奋斗，就等于成功了一半。所以，父母一定要从小就开始培养孩子勤奋的美德。勤奋地做人，勤奋地做事，勤奋地学习和积累——唯有勤奋的人才会为了理想甘心付出汗水。

1.培养孩子勤奋学习的品质

勤奋是孩子的良好品质，它对于促进孩子的学习有重要作用。孩子只有从小养成勤奋学习的习惯，才会拥有一个光明灿烂的未来。勤奋不仅包括了学习时的态度，也包括学习专业知识时注重的深度和广度，还包括广泛涉猎教科书以外的知识。一个孩子掌握知识的多与少，完全取决于他的勤奋程度。所以，家长应从小教育孩子拥有勤奋好学的优良品质。

2.对孩子的勤奋努力表示赏识

好孩子是夸出来的。父母赏识孩子的勤奋行为，孩子就会变得更加勤奋。父母可抓住适当的时机，通过言辞，承认孩子的努力、耐力和勤奋。

3.多鼓励孩子参加劳动

勤奋是一种优秀的习惯，它不仅表现在学习上，同样也体现在热爱劳动上，自我服务，家务劳动、社会公益劳动，都能展现孩子的勤奋品质。父母鼓励孩子多从事以上劳动，也能培养孩子的勤奋品质。劳动观念是从小培养的，一个爱劳动的孩子才能勤奋工作、学习。

4.给孩子讲关于勤奋的故事

孩子都喜欢听故事，实践证明，用讲故事来进行教育是孩子最乐于接受的形式。为了培养孩子的勤奋习惯，我们可以经常给孩子讲解一些名人成长故事，激发孩子的勤奋精神。当讲完故事后，父母可以先问问孩子的感想，然后告诉他道理："勤奋是做人的根本""聪明在于勤奋""天才在于积累"。

情绪管理，让孩子学会控制自己的情绪

情绪也可以称为感情。每个人都有感情，也都有理智。但是在一定的时候，人的理智却被感情埋没了。被感情埋没的理智之下，所做的事情往往都是人们非常后悔的事。古语说："喜时之言多失信，怒时之言多失礼。"人一旦失去理智，就有可能成为情绪的奴隶，成为情绪的牺牲品，说出一些不合时宜的话，甚至伤害别人。

大名鼎鼎的巴顿将军，虽然战功赫赫，但因为脾气暴躁，在关键时刻不能控制自己的情绪而影响了他的一生。

事情发生在1943年8月10日，当时战斗进展不顺利，巴顿的心情很不好。下午1时30分，巴顿在行车途中发现了通往第九十三军后方医院的路标，马上命令司机把车开过去。巴顿与士兵们进行闲谈，赞扬他们的勇敢

精神和业绩。但凡熟悉巴顿的人都发现，他神情紧张，不像往常那样热情诙谐。突然，巴顿发现一名未受伤的士兵住在医院里，顿时变得冷酷无情，此人叫保尔·贝内特，患有"炮弹休克症"的他缩成一团，哆哆嗦嗦地回答巴顿的问话："我的神经有毛病，我能听到炮弹飞过，但听不到它爆炸。"说罢，他便哭泣起来。

巴顿勃然大怒，大声叫骂："他妈的，你神经有毛病，你真是个胆小鬼，狗娘养的。"

接着巴顿打了他耳光，吼道："你是集团军的耻辱，你要马上回去参加战斗，但这太便宜你了。你应该被枪毙，事实上，我现在就要枪毙你！"说完，巴顿拔出手枪，在他眼前晃动。当巴顿走出病房时还在向医生叫喊，要他们把那人送出医院。

"打耳光"事件发生后，巴顿内心也感到自责，但由于战事紧张，他很快就把这件事忘掉了。但事情的发展完全出乎他的意料。

很快，巴顿打人的消息传遍了第七集团军，新闻界也议论纷纷，艾森豪威尔也知道了这件事，他以个人的名义给巴顿写了封信，严厉批评了巴顿的"卑鄙"行为，并责令巴顿：必须向被打者道歉，向所有在场的医护人员和伤员道歉，而且还要向整个第七集团军一个部队挨一个部队地道歉。

接到信后，巴顿开始感到问题的严重性，因此他认真执行了艾森豪威尔的命令。

但是，有些人仍不能原谅巴顿，坚决要求把巴顿送上军事法庭或降职处分，以至于让他失去继续参战的机会。但是在艾森豪威尔等人的保护下巴顿并没有受到这些惩罚。

但这次事件对巴顿的影响很大，这使他未能出任集团军司令，人们认为"巴顿具有某些令人遗憾的性格，他鲁莽、暴躁，有时容易冲动"。

巴顿原本光辉灿烂的前程就此毁于一次打耳光上。

孙子曾言："主不可怒而兴师，将不可愠而致战。"作为一个军事领袖，巴顿将军由于没有克制自己的冲动，不但破口大骂，还打了士兵的耳光，在这样的举动之下，他在士兵中会形成一个怎样的形象？假如你是巴顿的上司，得知他这样处理军务之后，你会怎样对待他？还会将军事指挥权赋予他吗？因此，能否有效驾驭自己的情绪，控制自己的脾气至关重要。

情绪控制是一个人人都必须掌握的很重要的能力。对孩子来说也是如此。孩子随着年龄的增长，也应该对自己的情绪学会收放自如，否则就会影响孩子的注意力、人际交往、适应力和性格，最终影响孩子的生活质量。

赵凯是一名大三的学生，好多年幼时经历的事情已经忘记了，但在他14岁那年发生的一件事却一直令他记忆犹新。那一年的一个周末，他和朋友约好去郊外远足，但父母却说什么也不同意他去。赵凯感到十分愤怒，他跑回自己的房间，捏紧拳头在墙壁上猛击。他一面哭一面打，双拳血肉模糊都没感觉到。任何人的劝说，他都听不进去。最后，他父亲气得揍了他一顿。后来，母亲一声不吭地进来给他涂止痛药，并包扎好，但是，母亲始终也没有说一句话安慰他。于是，又恨又怒的赵凯又倒在床上大哭了半个多小时。直到他心态平和后，母亲才进来对他说："能控制自己情绪的人就能掌握自己的命运。发怒本身就是一种自我伤害，而且对事情的解决是于事无补的，需要好好克服。"

母亲对他所说的话深深地印在了赵凯的心中。虽然现在他已经成年了，懂得了许多道理，但只要一回想起那时的事情，他就觉得母亲那次对自己的谈话是这一辈子最值得珍惜的谈话。

对于成长中的孩子来说，由于他们自身生理、心理发育尚未成熟，对事物的认识不全面，一旦受到某些因素的影响，便会出现情绪波动。如果不能很好地控制情绪，就可能使孩子的心理失去平衡，甚至影响他的人格建构，影响他未来的生活和事业。因此，家长需要进行有效的干预，以及正确的教育和引导，让孩子意识到不良情绪的危害。

控制并且管理好自己的情绪对孩子的成长和以后的发展有非常大的帮助。

有研究表明，儿童时期具有的情绪调节能力，而不是他们的智力，是他们以后生活中能否成功、是否快乐的最好预示。要想让孩子快乐成长，关键就是帮助他们学会调整情绪。

情绪管理是一种能力，也是一种智慧。指导孩子学会管理情绪，就是帮助孩子成熟和成长。

1.接纳孩子的情绪

人们都明白，生活中并不是事事都能顺着自己心意来，因此在面对不符合自己意愿的事情时，人们常常会很恼怒，情绪变得异常暴躁，孩子更是如此。面对这种情况，父母首先要做的便是站在孩子的角度理解他，接受他的坏情绪，允许孩子哭泣、恼怒或者躺倒一会儿。孩子在乱发脾气时，父母千万不能也跟着发怒，应该适当"晾"他一会儿，令其自己冷静下来。

2.关注孩子的情绪变化

日常生活中，家长应高度关注孩子的情绪变化，一旦发现异常情况，一定要及时和孩子沟通。当孩子感到悲伤失望时父母要及时地给孩子以安慰，让他把自己的不满和委屈都讲出来，学会正确地运用心理疏导方式及时地走出不良情绪的困扰。如果不良情绪长期得不到发泄，就会发生壅塞，只会渐渐地使孩子走向消极。

3.教孩子一些调节情绪的方法

孩子是正在成长中的人，他的心智还没有完全成熟，他没有那么多心力来承担成年人的喜乐哀愁。父母应帮助孩子学习主动自觉地控制其情绪。例如，在盛怒时，不妨赶快跑到其他地方，或找个体力活来干，或者干脆跑一圈，这样就能把因盛怒激发出来的能量释放出来。

4.父母要以身作则

父母是孩子最好的榜样，孩子会不会控制好自己的情绪，最关键的还是要看父母是怎么做的。父母首先要控制好自己的脾气，不要让孩子看到自己暴怒的样子。还要和善待人，为孩子营造祥和、宽松的气氛，在这种安定，温暖的气氛中，使孩子易怒的心境渐渐地变得平和。

用梦导航，帮助孩子从小树立理想

理想是人生的奋斗目标，是人们对未来的一种有可能实现的想象。一位诗人说过："理想是石，敲出星星之火；理想是火，点燃希望之灯；理想是灯，照亮夜行之路；理想是路，引你走向黎明。"理想，意味着对未来的憧憬与向往；表达着对未来的渴望与追求，它犹如火炬照亮了人生的道路，指明了人们成长的方向。

对孩子来说，树立人生的理想与追求，有着重要而又特殊的意义，它可以激励孩子超越自我，成为他们自觉主动地学习、不断前进的巨大精神力量。

《我的高考我的分》的作者、北京大学法学学士姚俊宇，在总结自己的经验时说：

我在中学时代的最大理想就是考进北大，为此，自己"想当然"地搜集了许多有关北大的资料。包括北大的历史、北大的成就、北大老师的轶事，甚至于北大校园里拆除一栋旧楼房的小新闻，我都关注。高三时，买了很多北大的明信片，每一张都有北大的风景。什么时候学习累了，只要一看见图片上美丽的北大，想象一下现实中北大的美好，一下子就来了精神。就这样，在考入北京大学这个理想的召唤下，我终于克服了重重困难，踏入了美丽的燕园。

记得我的同桌更神奇，他的理想是考入复旦大学。他把"杀入复旦"的字条贴在自己的床头，贴在自己的课桌上，贴在他自己可以轻易看见的任何地方。每天睡觉和起床前都要振臂高喊几声"杀入复旦"。当时大家都笑他傻了，可他就是凭着这股傻劲，实现了自己的理想。

理想是鼓舞孩子奋斗的风帆。对于孩子来说，理想的种子一旦生根、发芽，就会转化成勤奋学习的动力，而且这种动力是持久的。而如果没有理想，就不知道自己学习有什么用。在这种情况下，只要稍微有点阻力和困难，都可能产生厌学情绪。因此说，只有从小就树立起人生理想，才能为孩子的学习增加动力。

1994年1月14日下午，美国总统克林顿在访问莫斯科期间，在奥斯坦金诺电视台大厅接见俄罗斯新闻工作者和各界代表，当场发表演说并回答听众的各种提问。

电视屏幕上出现了这样一组镜头：

克林顿总统对听众说：

"我现在请最年轻的与会者提问题。"一个虎头虎脑的小男孩，从从容容地在大厅后排站了起来。

克林顿问："你今年多大了？"

小男孩用英语回答："13岁。"

克林顿惊讶地笑了笑，说："请提问吧。"

小男孩用英语发问："总统先生，请您谈谈您是怎样当上美国总统的。"

话音刚落，满座听众便哄然大笑。

克林顿十分高兴地说："请你到我面前来。"

小男孩穿过人群，走到克林顿总统跟前。

克林顿满面笑容，把他拉到自己身边，爱抚地摸着身高只及自己胸口的小男孩的双肩，亲切地告诉他：

"我16岁的时候，就下决心要为国家服务。我以林肯总统为榜样，不断地学习、准备，抓住各种机会，最后就当上了美国总统。"

理想是人生奋斗的方向，是进步的精神动力和精神支柱，是让生命精彩的源果。国外有这样一句谚语："一个确定的理想是成功的一半。"孩子只有有了远大的理想，才会有一个奋斗的方向，才不会在成长中迷失自己。

理想是人们对美好事物的追求，是经过努力可能实现的奋斗目标，没有理想的人只会平庸一生，让孩子从小就树立远大理想，会促使他们一生都自觉主动地学习，自觉主动地工作。但孩子毕竟是孩子，其理想和志向的确立，需要父母给予积极的引导，父母要做好引路人和导师，让理想的风帆真正促使孩子在知识的海洋中主动地破浪前行。

1.尊重和理解孩子的意愿

孩子们虽然年龄还小，但对这个世界已经有了自己独特的体验和认知，他们所提出的理想是他们正在发展的兴趣和偏爱，是他们悄悄萌芽的特长或天赋，也是他们对人生的理解。如果家长能够敏感地捕捉到孩子的发展倾向，尊重孩子的愿望，它就会成为孩子成长的契机。

2.认真观察因势利导

家长要了解孩子的实际情况，对于孩子的兴趣爱好，只要是正当的都应该予以鼓励和支持。并且要善于因势利导，根据孩子的兴趣爱好和特长，有意识地激发孩子的理想的火花。

3.引导孩子多读名人传记

为了帮孩子树立理想，家长可以多给孩子讲一些名人成才的故事，引导孩子多读一些名人传记，并撰写心得体会，让孩子汲取名人的精神力量，逐渐树立起自己的理想，并为之奋斗。

4.帮助孩子做好实现志向的计划

每一个远大的志向都不可能是一蹴而就的，小孩子很容易对新事物产生兴趣，因此很可能产生无数个志向。这个时候家长要做的就是帮孩子做好计划，就像爬楼一样，只有一层一层地爬才有可能到达顶层，只有阶段性地实现目标才能让孩子对志向始终保持兴趣和好奇。

5.让孩子为理想而奋斗

让孩子树立理想，还要实现理想。父母让孩子树立起远大的理想，就是想让孩子在理想的催发下不断拼搏，不断努力，最终实现自己的理想。这样孩子就会在心中树立起使命感，从而知道理想的实现意义，就会更加努力拼搏。

领导力就是责任，增强孩子的责任感

几位动物学家在狼身上做了一次有关责任的实验：

动物园里有三只狼，是一家三口。这三只狼一直是由动物园来饲养的。动物学家为了恢复狼的天性，与动物园共同决定将它们送到森林里，让它们像其他的狼那样生活。经过研究决定，他们首先将身体强壮的狼父亲放回，因为它的生存能力应该比母狼和幼仔强一些。

放走了公狼，研究人员开始观察它的行踪，他们发现，狼父亲总是无精打采的，总是一副很饿的样子。虽然研究人员有些担心狼父亲的生存问题，但并未让动物园再收留它，而是将幼狼放回到他身边。

这个举动让狼父亲振奋了许多，它的身体好像忽然充满了活力，每天都积极地为它的孩子捕食，两只狼相依为命，全然不是前些天的样子。

几天后，研究人员又将那只母狼也放了出去。不多久，三只狼就像其他的动物一样快活自在地生活在森林里了。研究人员发现，这一家三口生活得还不错。

后来，研究人员作出了这样的解释："公狼和幼狼在一起时，就会有一种照顾幼狼的本能，这是一种责任心的体现，正是这种责任感激励着公狼去捕食，它俩的生活也因此变得好一些了。母狼被放出去后，公狼和母狼有互相照顾并共同照顾幼狼的责任，两只狼共同努力，它们的生活自然也变得更好了。"

通过这个研究，人们得出了这样的结论：对许多动物来说，责任是它们生存的基础，一旦有了责任感，生命都将迸发出巨大的力量。而这条结论同样适用于人类。

责任是一种与生俱来的使命，它伴随着每一个生命的始终，我们从有认知开始就有很多责任。我们不仅对自己负有责任，还要对别人负责，对集体负责，对国家负责，对社会负责。梁启超说："凡属我受过他好处的人，我对于他便有了责任。凡属我应该做的事，而且力量能够做到的，我对于这件事便有了责任，凡属于我自己打主意要做的一件事，便是现在的自己和将来的自己立了一种契约，便是自己对于自己加一层责任。"责任感对于一个人来说是极其重要的，因此父母要重视孩子责任感的培育。

在美国素有"领导人教父"之称的丹尼尔·韦特利博士，曾告诫天下父母，早让孩子承担责任。丹尼尔·韦特利博士曾担任美国阿波罗计划的模拟培训师，是美国电话电报公司和戴尔、通用汽车等多家大企业的顾问，并先后为这些企业的高层领导开设过150多场主题为"提高领导力"的讲座。他在一次讨论会上说："父母最需要给予孩子的不是金钱而是教会他们如何正确地生活，负责任地工作。"他说，只有从小就具有责任意识，孩子将来才能成为一个对自己的行为负责，对组织、社会尽职的人，而这点，是一个领导者必须具备的素质。

有这样一个小故事：

在一个雪天的傍晚，中士杰克先生匆忙地走在回家的路上。路过公园时，他被一个人拦住了。"先生，打扰一下，请问您是一位军人吗？"这个人看起来很着急。"是的，我是，能为您做些什么吗？"杰克急忙回答道。"是这样的，我刚才经过公园门口时，看到一个孩子在哭，我问他为什么不回家，他说他是士兵，在站岗，没有接到命令他不能离开这里。谁知和他一起玩儿的那些孩子都不见了，估计回家了。"这个人说，"我劝这个孩子回家，可是他不走，他说站岗是他的责任，他必须接到命令才能离开。看来只能请您帮忙了。"

杰克心里一震，说："好的，我马上就过去。"

杰克来到公园门口，看见小男孩在哭泣。杰克走了过去，敬了一个军礼，然后说：

"下士先生，我是杰克中士，你站在这里干什么？"

"报告中士先生，我在站岗。"小男孩停止了哭泣，回答说。

"雪下的这么大，天又这么黑，公园门也要关了，你为什么不回家？"杰克问。

"报告中士先生，这是我的责任，我不能离开这里，因为我还没有接到命令。"小男孩回答。

"那好，我是中士，我命令你现在就回家。"

"是，中士先生。"小男孩高兴极了，还向杰克回敬了一个不太标准的军礼。

小男孩的举动深深地打动了杰克，他的倔强和坚持看起来似乎有些幼稚，但这个孩子所体现的责任心和守信却是很多成年人都无法做到的。

责任心是孩子健全人格的基础，是孩子能力发展的催化剂，更是孩子成长所必需的一种特殊营养，它能够帮助孩子成长和独立。有责任心的人才能更好地发挥自己的实力，创造辉煌的人生。而一个对自己的行为后果没有责任心的人，是社会化的一种失败，因为他很难形成社会的归属感，很难适应社会生活。所以父母必须着重培养孩子的责任心。

美国品德教育联合会主席麦克唐纳曾说："能力不足，责任可补；责任不够，能力无法补；能力有限，责任无限。"对孩子进行责任意识和责任感的教育就是让孩子学会对自己负责，对他人负责，从而对社会负责。

一位11岁的美国男孩，踢足球时不小心打碎了邻居家的玻璃，邻居家索赔12.50美元。闯了大祸的美国男孩向父亲认错后，父母让他对自己的过失负责，他为难地说："我没钱赔人家。"父亲从口袋里拿出12.50美元递给他说："这些钱先借你，一年后还我。"从此，这位美国男孩每逢周末、假日便外出辛勤打工，经过半年的努力，他终于挣足了12.50美元并还给了父亲。

这个男孩就是后来成为美国总统的里根。他在回忆这件事时说："通过自己的劳动来承担过失，使我懂得了什么叫责任。"

的确，自己的事情要自己负责，凡事不要把希望寄托在别人身上，更不要盼望着让别人来为你担当责任。

责任感是人的综合素质中极其重要的组成部分，它可以促使人去努力完善自我，可以促人奋发上进。一个人只要有责任感，就会对自己负责，对他人负责，对家庭负责，对集体和社会、国家负责，做一个有益于人民的人，有益于集体的人，有益于国家的人。小孩年少无知，他们的责任感基础不厚，方向不明，必须依靠家长对其耐心培养教育，使"责任心"牢固地占据他们的心田。

培养孩子的责任感不是一朝一夕的事，是一个漫长而反复的过程。父母必须高度重视，从小做起，从小事做起，让孩子在有责任感的氛围下快乐成长，在潜移默化中得到责任心的培养，养成良好的责任意识，从而得以培养孩子健康的人格。

1.让孩子对自己的行为负责

学会对自己的行为负责，是每个孩子成长过程中重要的一步。德国著名教育家茨格拉夫人说过："必须教育孩子懂得他们的一举一动能产生的后果，那么随着时间的推移，孩子们一定会学得很有责任感的。"孩子处于成长之中，对一些事情往往没有责任感，因为许多时候他们不知道责任是什么，所以在教育孩子的时候，一定要让孩子明白：每个人都应该为自己的行为负责，都要承担它的后果，无论好坏。当孩子犯了错误之后，不应当由父母来承担子女的过失，让孩子学会为自己的行为负责，才是真正的教育之道。

2.让孩子去承担家庭中的责任

作为家庭中的一名成员，孩子既应该享受权利，也应承担一定的家庭责任，包括建立家庭中的岗位，承担一定数量的家务劳动。父母可通过鼓励、期望、奖惩等方式，督促孩子履行职责，培养责任心。如果在小孩很小的时候，你就教他要帮助做家务，他就会把做家务当成一种乐趣和生活中很自然而然的一部分。

3.不让孩子为犯错找借口

任何借口都是推卸责任。有的孩子在做错事之后会为自己找一些借口，以此来推脱责任或者是自我安慰。但是，为犯错找借口会让孩子存有侥幸心理，下次再犯错的时候，他还会找借口来原谅自己。因此，父母不要让孩子为犯错找借口，错了就是错了，不能逃避责任。

敢于竞争，让孩子成为竞争高手

现代社会是一个充满竞争的社会，一个没有竞争意识的人是很难适应社会生活的。培养孩子的竞争意识，增强孩子的适应能力，这是社会发展的需要。"有竞争才有进步。"只有力争上游，不断地修正自己，不断地学习、探索，才能学得更多、更好，才能立于不败之地。如果孩子竞争意识淡薄、竞争能力不强，那么，孩子将来就会在各种竞争中败下阵来，成为社会淘汰的对象。

赵峰初中毕业后，从农村来到市里的重点高中上学，由于以前学校的教学质量不是很好，所以，他进入重点高中之后，就显得不能适应了。尤其在英语课上，他觉得自己总是听得云山雾罩，不知所措。

第一学期期末考试，他竟然没有一门功课及格，最惨的一科是英语，只得了36分。这一打击对赵峰来说太大了，他觉得农村孩子始终比不上城市孩子，开始自卑和苦恼起来。于是，他就到小说里面寻找自己的"心灵寄托"，寻找一些虚无缥缈的感觉，并沉溺其中不能自拔。结果成绩更是一团糟，还差点儿被学校开除。他觉得自己与其在这里丢人现眼，还不如放弃学业。

爸爸知道他的这个想法之后，就对他说道："什么？放弃学业？这同战场上的逃兵有什么两样，即使你暂时能够逃避学习的竞争，步入社会后，你还能逃避社会的竞争吗？难道你真想一辈子当一个逃兵？"爸爸的这句话，一下子激起了赵峰强烈的自尊心。"逃兵？我怎么会是逃兵呢？逃兵会被人说三道四的，我绝对不做逃兵！"就这样，赵峰为了不让自己成为逃兵而树立了坚定的信念，开始刻苦学习。

其实，赵峰并不是个笨孩子，刚开始成绩不好，只是因为他还没有适应新的环境。现在他树立了竞争意识，不甘心学习落后于人，决心超过别人，他的成绩自然也提高了。高考的时候，他以780分的成绩打破了学校有史以来的最好成绩，进入了自己向往已久的大学。

从这个事例我们可以看出，如果赵峰在暂时落后的时候，不想和别人竞争，一味地逃避，那么他就不会取得现在这样好的成绩，只能是个"逃兵"。

事实上，当孩子背上书包，走进学校，不管愿意还是不愿意，竞争就已经开始了。有的孩子在竞争中走在了前面，从众人中脱颖而出，成为好学生。还有许多孩子在竞争中落败，自甘落后，还没有步入社会便已处在淘汰的边缘。据分析其中一个主要原因是家长没有引导孩子正确地面对竞争，结果使孩子误入歧途，成为学习路上的失败者。甚至影响到孩子的一生。所以，家长必须教育孩子面对现实，让他们知道有竞争就会有成功者和失败者，任何试图回避或逃避竞争的做法都是错误的。培养孩子的竞争意识，鼓励孩子参与竞争，对于孩子的健康发展具有重大意义。

王刚是个十分胆小的孩子，不喜欢参加任何集体活动，更不愿意加入有竞争的活动之中，他的父母很担心孩子会养成胆小懦弱的性格，于是就想办法鼓励孩子参加比赛。王刚的短跑很棒，妈妈知道他特别想要一个新书包，就告诉他说："学校里举行运动会，如果你参加短跑比赛获得名次，妈妈就奖励你一个新书包。"妈妈的话激发了他的竞争意识，从没有参加过任何比赛的王刚，在运动会中获得了同年级短跑比赛的第一名。

　　培养孩子的竞争意识其实就是培养孩子敢于面对现实、积极进取、正当竞争的心态。它可以增强孩子的自信心，孩子在竞争中表现出来的精神和才能，会使孩子对自己做出肯定的评价，会激发孩子进一步奋发向上；它可以克服孩子的胆怯、保守和自卑心理，可以激发孩子强烈的求知欲望，因为竞争会使孩子认识到只有具备知识和能力才能领先；此外，它还可以提高孩子的耐挫能力，有竞争，就免不了要遭受挫折，孩子品尝过竞争失利的滋味，则可提高对未来可能遇到的挫折的承受能力。

　　现代社会中，处处充满着竞争，如果不具备竞争的意识和竞争的能力，很难在社会上立足。因此，要让孩子能适应明天的竞争，成为生活的强者，就必须从小注重对孩子竞争意识的培养。

　　1.端正孩子竞争的心态

　　为了孩子的健康成长，父母要积极培养孩子健康的竞争心态。父母应让孩子明白，竞争不应是狭隘的、自私的，竞争者应具有广阔的胸怀；竞争不应是阴险和狡诈，暗中算计人，而应是齐头并进，以实力超越。所以，家长要消除孩子在竞争中产生的不良心理，教导孩子不要以打击对方等不正当的方式来达到自己的心理平衡或取得竞争的胜利，而要以真本领通过公平、公正的方式与对方竞争。

　　2.不要挫伤孩子的竞争积极性

　　父母常犯的一个错误是，孩子兴高采烈地对父母说，自己进步了，父母却抱怨他进步得不够，而给他提出更高的目标。父母的行为常会打击孩子的竞争意识，让孩子不愿再进取。所以，孩子参与竞争时，无论他是否取得了成绩，家长都要给予赞扬，不要轻易打消孩子的积极性。

　　3.为孩子创设竞争情境

　　生活中，父母可以有意识地为孩子创设竞争情境，开展丰富多彩的竞技性活动，如和孩子进行棋类比赛、球类比赛、讲小幽默比赛，节假日还可带孩子外出搞户外竞赛活动，这样可以激发孩子的潜在能力，孩子会因为自身具备这些能力而更加有自信心。

4.引导孩子正确面对失败

竞争中没有常胜将军，没有哪个人能在各方面次次取胜。因此，父母应该引导孩子正确对待失败和挫折，知道强中还有强中手。多让孩子接受一些挫折教育，能培养孩子的意志，让孩子感到失败并不可怕，只有在失败之后及时地调整自己的心态，消除不必要的紧张、忧虑和自卑等消极情绪，才能争取到下一次的成功。